电子商务专业新形态一体化系列教材

网站内容编辑

主　编　陈秋雪
副主编　蔡纬国　薛　聪　张广法
　　　　周培辛　向　辉

北京理工大学出版社
BEIJING INSTITUTE OF TECHNOLOGY PRESS

版权专有　侵权必究

图书在版编目（CIP）数据

网站内容编辑 / 陈秋雪主编．—北京：北京理工大学出版社，2020.9（2024.1 重印）

ISBN 978－7－5682－8887－3

Ⅰ．①网… Ⅱ．①陈… Ⅲ．①电子商务－网站－编辑工作 Ⅳ．① F713.36 ② TP393.092

中国版本图书馆 CIP 数据核字（2020）第 146515 号

责任编辑：陆世立　　　**文案编辑**：代义国　陆世立
责任校对：周瑞红　　　**责任印制**：边心超

出版发行 /	北京理工大学出版社有限责任公司
社　　址 /	北京市丰台区四合庄路 6 号
邮　　编 /	100070
电　　话 /	（010）68914026（教材售后服务热线）
	（010）68944437（课件资源服务热线）
网　　址 /	http://www.bitpress.com.cn
版 印 次 /	2024 年 1 月第 1 版第 2 次印刷
印　　刷 /	定州启航印刷有限公司
开　　本 /	787 mm × 1092 mm　1/16
印　　张 /	12
字　　数 /	262 千字
定　　价 /	36.00 元

图书出现印装质量问题，请拨打售后服务热线，负责调换

前言

随着互联网行业的快速发展，网站编辑已成为热门的 IT 职业之一。据统计，目前中国网站编辑有 400 万人，远超出传统媒体的编辑队伍。网站编辑被人力资源和社会保障部列为"新兴职业"。目前，网站编辑已荣膺"热门职业"之一。随着电子商务的不断发展，网站编辑也不再是传统门户网站专有，电子商务网站对网站编辑人才的需求越来越大。

本教材以培养学生通过网络媒体、借用先进的网络手段、进行网络营销活动策划，推广电子商务店铺、品牌、产品等信息的能力为目的，系统地讲解了网站内容编辑的工作内容。

本教材共分为七章。其中，第一章介绍了网站内容编辑岗位的基础知识，包括网站内容编辑的岗位职责和职业道德等；第二章介绍了网络信息的收集、筛选和归类方法；第三章介绍了商城网站的内容编辑工作，包括首页信息的编辑、商品属性编辑、商品图片效果编辑、商品文字描述编辑等；第四章介绍了产品推广信息的撰写和发布，包括产品推广软文的撰写、发布途径的选择等内容；第五章介绍了网络品牌文案写作，包括编写品牌故事、事件营销和企业网站宣传方案的制作；第六章介绍了网络主题活动的策划，包括网络主题活动的策划、节日主题互动活动的策划以及线上线下互动主题活动的策划；第七章介绍了网络社区营销文案编辑，包括网站论坛风格的确定和微信平台的营销管理等方面的内容。

本教材以电子商务网站编辑典型工作任务为导向，按照网站编辑的工作过程组织撰写。教材内容始终围绕电子商务企业活动展开，符合网站内容编辑岗位的工作要求，引入了职业岗位的工作任务，具有很强的实用性。此外，本教材的内容结合了网络营销的先进手段，符合当前电子商务发展对网站内容编辑的需求，充分体现了本教材的先进性。

本教材各章由知识目标、技能目标、知识导图、案例导入、知识回顾、课后练习、拓展阅读等模块组成，以期巩固学习内容，启发学生思维。

本教材建议用 72 学时教学，第一章 3 学时，第二章 15 学时，第三章 15 学时，第四章 11 学时，第五章 11 学时，第六章 12 学时，第七章 5 学时。

本教材内容结构如下图所示：

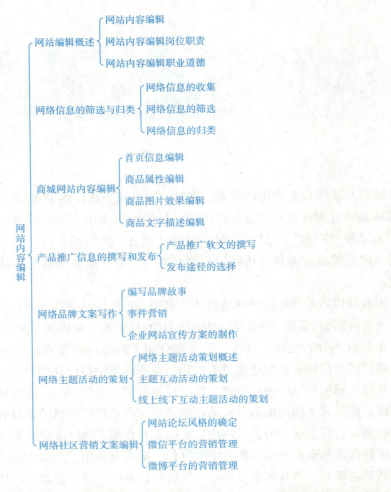

由于时间和精力有限，本教材可能存在疏漏之处，恳请广大读者积极给予指正，以便使本教材不断完善！

编　者

2020 年 1 月

目录

第一章　网站编辑概述 … 1
　第一节　网站内容编辑 … 3
　第二节　网站内容编辑岗位职责 … 5
　第三节　网站内容编辑职业道德 … 8

第二章　网络信息的筛选与归类 … 16
　第一节　网络信息的收集 … 18
　第二节　网络信息的筛选 … 39
　第三节　网络信息的归类 … 70

第三章　商城网站内容编辑 … 75
　第一节　首页信息编辑 … 76
　第二节　商品属性编辑 … 87
　第三节　商品图片效果编辑 … 90
　第四节　商品文字描述编辑 … 94

第四章　产品推广信息的撰写和发布 … 103
　第一节　产品推广软文的撰写 … 104
　第二节　发布途径的选择 … 109

第五章　网络品牌文案写作 … 120
　第一节　编写品牌故事 … 121
　第二节　事件营销 … 129
　第三节　企业网站宣传方案的制作 … 134

第六章　网络主题活动的策划 … 145
　第一节　网络主题活动策划概述 … 146

第二节　网络主题互动活动的策划 ………………………………… 148
　　第三节　线上线下互动主题活动的策划 …………………………… 154

第七章　网络社区营销文案编辑 ……………………………………… 159
　　第一节　网站论坛风格的确定 ……………………………………… 160
　　第二节　微信平台的营销管理 ……………………………………… 164
　　第三节　微博平台的营销管理 ……………………………………… 173

参考文献 ………………………………………………………………… 184

网站编辑概述

【知识目标】
1. 理解什么是网站编辑、网站编辑岗位及岗位的职责。
2. 理解网站编辑职业发展方向。
3. 理解网站编辑职业素质要求及职业守则。

【技能目标】
1. 能用自己的语言说明网站编辑相关岗位及岗位的工作任务。
2. 能分析自身与职业要求的差距，制订切实可行的学习计划与实施措施。
3. 树立学生的责任感，帮助学生建立遵纪守法意识，使其形成网站编辑职业道德。

【知识导图】

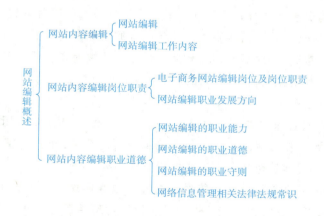

案例导入

窝窝团违法团购案

"我要学车！我要买车！仅200元，原价1200元的驾校优惠券！凭窝窝券到驾校地址再支付2600元，即可从菜鸟级新手变身为资深老手！"2011年1月30日，上海消费者孟小姐在窝窝团购买了"三家驾校联合招募培训"的代金券，又付了2600元培训费，却没想到收款人携款潜逃。

1. 资质审核给不法分子留漏洞

孟小姐告诉记者，她在团购了学车代金券后，立刻预约学车，可是从2月等到6月，除了进行过一次体检之外，再没任何回音。她反复向团购商家和窝窝团打电话沟通，直到6月底，团购商家胡立才联系她。"当时对方是上门收钱，用现金付款，收条也没有盖章。"孟小姐说。8月份，孟小姐被告知团购商家已经携款潜逃，交易已经关闭。因找不到商家，无奈之下孟小姐向市消费者权益保护委员会投诉了窝窝团。

市工商局透露，此事经核实，自然人胡立并没有机动车驾驶员培训相关的工商营业执照和培训资质，而团购信息中提到的五汽驾校、长安驾校、虹港驾校也从未与窝窝团及胡立开展过任何机动车驾驶员培训的相关合作。工商部门依据《中华人民共和国反不正当竞争法》第二十四条第一款、《网络商品交易及有关服务行为管理暂行办法》第四十条、第三十八条的规定，责令窝窝团改正，并处罚款人民币3万元。

窝窝团上海市经理高世兴向记者承认了网站在前期资质审核上的漏洞。窝窝团公关负责人告诉记者，截止到11月7日，窝窝团已启动先行赔付方案，向141名受骗消费者全额赔付了2800元的团购费用，并代所有的消费者追究商家的法律责任。记者随后从市工商局了解到，不法商家胡立已因涉嫌诈骗罪被浦东新区公安局逮捕。据透露，商家胡立还利用另外两家团购网站和团拼网诈骗。

2. 加强对登记团购网站的监管

来自市消费者权益保护委员会的统计数据显示，2011年上海市团购投诉数量大幅上升，而且均涉及知名网站，其中对拉手网的投诉达到48个，对窝窝团的投诉达到24个，对美团网的投诉量为8个。消费者权益保护委员会一位负责人告诉记者，这些投诉大部分牵涉购买的团购券无法使用、内容虚假等问题。比如拉手网2011年5月上线了一个"上海仅售98元！原价288元的上海雅约臻品酒店商务房1间"团购服务，经调查，"原价288元"为虚假内容。

据悉，2011年，工商部门已对本市登记的各类团购网站制发责令改正通知书18份，立案查处31件。

第一章 网站编辑概述

第一节 网站内容编辑

一、网站编辑

网站编辑，是网站内容的设计师和建设者，他们利用相关专业知识及计算机和网络等现代信息技术，通过网络对信息进行收集、分类、编辑、审核，然后以网络为载体向世界范围的网民进行发布，并且通过网络从网民那里接收反馈信息，进行互动交流。

二、网站编辑工作内容

按照国家职业资格标准，将网站编辑分为四个等级，分别是网站编辑员、助理网站编辑师、网站编辑师及高级网站编辑师；按照国家职业资格标准规定，中等职业学校学生只能考取网站编辑员，但是，经过三年的专业学习，部分优秀中职生也可以达到助理网站编辑师的要求。就全国中职学校电子商务技术大赛来说，其考核评价标准与助理网站编辑师的职业资格标准不谋而合。

（一）网站编辑员

网站编辑员的工作内容见表1–1。

表1-1 网站编辑员的工作内容

职能	工作内容	技能要求	理论知识要求
素材采集	采集现有素材	（1）能够根据需要选择计算机外围设备； （2）能够安装外围设备的配套软件； （3）能够使用扫描仪采集文字材料和图像材料； （4）能够利用音频设备采集音频素材； （5）能够使用数码相机、数码摄像机等数字设备采集图片、影像素材； （6）能够使用电子邮件收集信息	（1）扫描仪、数码相机、数码摄像机的使用知识； （2）计算机外围设备连接知识； （3）文字、图像、音频、视频采集的基本知识； （4）文件压缩与解压缩的方法
	收集网络素材	（1）能够根据栏目需要撰写原创性稿件； （2）能够根据栏目需要进行非文字信息的创作或指导创作	搜索引擎的使用方法
内容编辑	素材分类	（1）能够根据内容属性对素材进行分类； （2）能够根据文件类型对素材进行分类	文件格式知识
	素材加工	（1）能够使用软件进行文字处理； （2）能够使用表格进行文字处理； （3）能够使用软件进行音频处理； （4）能够使用软件进行图像处理； （5）能够使用软件进行动画处理； （6）能够使用软件进行视频处理	（1）文字处理软件操作知识； （2）表格处理软件操作知识； （3）音频处理软件操作知识； （4）图像处理软件操作知识； （5）动画处理软件操作知识； （6）视频处理软件操作知识

续表

职能	工作内容	技能要求	理论知识要求
内容传输	发布系统的使用	（1）能够利用发布系统将素材入库； （2）能够利用发布系统将素材传递给相关人员	（1）发布系统的基本原理； （2）发布系统的稿件入库和传递的操作方法
	其他传输方式的使用	（1）能够利用局域网传输文件； （2）能够利用互联网传输文件	（1）局域网使用基础知识； （2）即时通信工具的使用方法； （3）常用传输文件的使用方法

（二）助理网站编辑师

助理网站编辑师的工作内容见表1-2。

表1-2 助理网站编辑师的工作内容

职能	工作内容	技能要求	理论知识要求
内容编辑	信息筛选	（1）能够根据栏目需要选择有效信息； （2）能够对有效信息进行分类整理	（1）稿件的价值判断； （2）稿件归类方法； （3）互动信息管理知识
	内容加工	（1）能够对信息进行编辑加工； （2）能够根据需要制作标题； （3）能够根据需要制作内容提要； （4）能够根据需要设置超级链接	（1）稿件修改知识； （2）标题制作知识； （3）内容提要制作知识； （4）超级链接设置要求
	内容原创	（1）能够根据栏目需要撰写原创性稿件； （2）能够根据栏目需要进行非文字信息的创作或指导创作	（1）新闻采访基本知识； （2）新闻写作基本知识； （3）视听语言基本知识
组织互动	受众调查	（1）能够确定调查主题； （2）能够设计调查问卷； （3）能够分析调查结果	（1）受众调查基本知识； （2）论坛管理的基本要求； （3）其他互动形式的管理知识
	论坛管理	（1）能够对论坛内容进行监控； （2）能够对不良信息进行处理； （3）能够与论坛成员进行沟通； （4）能够对论坛成员进行管理	
网页实现	内容发布	（1）能够利用发布系统发布页面内容； （2）能够利用发布系统对已发布的内容进行修改	发布系统的稿件发布操作方法
	网页制作	（1）能够使用一种软件进行网页制作； （2）能够使用HTML语言进行网页修改	（1）网页制作软件的操作知识； （2）HTML语言基础知识

无论是综合门户网站、地方网站、企业网站，还是电子商务网站，为其服务的网站编辑人员的基本工作内容是一样的。当然，根据网站运营的目标不同，具体到网站编辑岗位设置及岗位职责，不同的网站之间是有差异的。

第二节　网站内容编辑岗位职责

一、电子商务网站编辑岗位及岗位职责

在电子商务网站中，网站编辑岗位一般设置在网站运营部门。图 1-1 展示了电子商务网站运营部门的岗位设置，胜任的岗位有商品编辑、美工编辑、文案编辑及流程编辑，工作职责如下。

图 1-1

（一）商品编辑岗位职责

（1）将采购部门采集提供的商品信息进行整理；

（2）将整理好的商品信息在网站平台进行发布；

（3）根据业务流程需要，参照采购部门、仓储部门同步来的信息，对已经发布的商品信息进行价格修改、库存调整、下架删除、分类调整等管理；

（4）根据采购部门制定的货架展示规划，对网站展示货架的商品进行定期更新调整；

（5）根据采购部门制定的货架展示规划，以及美工编辑设计制作完成的广告图片，对网站广告信息进行定期更新调整；

（6）对采购部门采集的信息不能满足要求的部分，要求采购部门重新采集；

（7）对采购部门重新采集仍不能满足要求的商品信息，替代采购部门完成信息采集工作；

（8）采购部门相关岗位空缺时，临时替代采购部门相关岗位，完成商品信息采购工作；

（9）美工编辑岗位空缺时，临时替代美工编辑，完成广告图片的设计制作工作；

（10）完成网站总编安排的其他相关工作。

（二）美工编辑岗位职责

（1）根据网站策划制定的网站专题策划案，进行网站专题页面的设计制作；

（2）根据网站采购部门制作的货架展示规划，对网站广告需要的图片进行设计制作；

（3）根据业务发展需要，对网站部分模块进行重新设计制作；

（4）网站所需静态页面的设计制作与更新维护；

（5）完成网站总编安排的其他美工设计制作工作。

（三）文案编辑岗位职责

（1）根据网站基础需要，收集并编写网站基础展示文档，并发布到网站平台；

（2）根据网站业务流程需要，编写网站业务流程文档，并发布到网站平台；

（3）根据网站业务流程需要，编写网站宣传文档，并发布到网站平台；

（4）根据网站业务流程需要，编写网站相关的各种宣传语、广告词等；

（5）对于需要制作静态页面的文档，交美工编辑进行页面设计制作；

（6）完成网站总编安排的其他文案制定工作。

（四）流程编辑岗位职责

（1）管理网站订单流程，将用户订单汇总整理，提交给物流配送部门安排配送；

（2）根据物流配送部门同步发来的流程信息，更新网站订单状态；

（3）根据客户服务部门同步发来的流程信息，更新网站订单状态；

（4）定期进行网站订单统计工作，形成报表文件，存档并报告给相关部门和人员；

（5）管理网站项目流程，根据网站销售部门的项目要求，建立相关项目用户、项目名称、积分规律，并进行相应的积分审核、积分生成、积分发送等工作；

（6）定期进行项目流程统计工作，形成报表文件，存档并报告给相关部门和人员；

（7）定期对网站其他统计项目进行汇总，形成报表文档，存档并报告给相关部门和人员；

（8）根据公司业务需要，不定期对相关项目进行统计汇总，形成报表文档，报告给相关部门和人员；

（9）其他相关的流程工作，保证网站运营流程通畅。

根据电子商务网站建设及运营的需要，网站编辑岗位名称略有不同，但岗位职责基本是一样的。

二、网站编辑职业发展方向

目前全国有几百万个网站，需要的网站编辑职业人员几百万人以上。因此网站编辑将成为黄金职业。如何做一个好网站编辑？一般的顺序是网站编辑—SEO—策划—运营。

（一）网站编辑

网络高级管理人员基本都是从一名普通编辑员开始的，最初级的编辑员就是整天复制+粘贴，更高一级的是伪原创（所谓伪原创就是把一篇文章进行再加工，使其让搜索引擎认为是一篇原创文章，从而提高网站权重），再高一级的那就是下面所说的SEO。

（二）SEO

SEO（Search Engine Optimization），汉译为搜索引擎优化，是较为流行的网络营销方式，主要目的是增加特定关键字的曝光率以增加网站的能见度，进而增加销售的机会。SEO分为站外SEO和站内SEO两种。SEO的主要工作是通过了解各类搜索引擎如何抓取互联网页面，如何进行索引以及如何确定其对某一特定关键词的搜索结果排名等技术，来对网页进行相关的优化，使其提高搜索引擎排名，从而提高网站访问量，最终提升网站的销售能力或宣传能力的技术。

进入这一层次的网站编辑员就要学会一些基本的HTML代码，如META代码中的"description"和"keywords"，以及图片代码中的"alt"和"title"等，当然除了这些还要懂得分析关键词在搜索引擎上排名的规律。当你这方面学得差不多了，就可以试着做做策划了。

（三）策划

成为策划，这时，领导就会扔出这样的任务给你：我们计划改版，你拿出个方案来；我们准备新增个博客频道，你拿出个方案来；我们要改变我们的首页，你看怎么改，把栏目扩展一倍，行不行？诸如此类的问题，会不断挑战你的信心底线。这时候，你就要有信心和能力来搞策划。这方面的知识没有人教你，全凭你在工作中琢磨，全看你是否有快速学习的能力、迅速反应的能力。没有人天生什么都会，一切都可以创新。你是否会让自己在闲暇时刻泡泡论坛，是否会在别人看电视的时候写写博客，正是这些非主流的因素决定了你的策划能力。当你成功成为一名策划人时，你信心有了，就会挑战更高层次，即运营。

（四）运营

任何工作都有终极目标，网站编辑员的终极目标就是信息总监或者信息规划师。研究宏观经济政策、风险投资市场、传媒业的变迁，或者网游市场规模盈利与预期……人力资源问题、管理问题、财务问题、协调问题……甚至与投资者打交道，进行谈判，这些总监都要擅长。

第三节　网站内容编辑职业道德

小张与某网友曾在网上聊天，近日，网友未经小张同意擅自将他们的聊天记录在网上公开，小张认为网友的做法侵犯了他的隐私，可网友却说聊天记录存在自己的计算机里，发不发是他的自由。

问题：请问网友的做法是否侵犯了小张的隐私权？

一、网站编辑的职业能力

（一）信息获取及处理的能力

站在用户的角度，从浩如烟海的数字信息中检索、分离、集成有用的信息。面对网上的"信息沙漠"，受众上网的需求并不是想获得众多的信息，而是要获得"信息之上的信息"，即网站编辑加工处理过的信息。网络信息的表现方式主要由文字、图片、音频、视频构成，网站编辑必须全面掌握这四种信息组织方式，才可能做好网站编辑工作。

1. 文字编辑能力

网站编辑只有具备一定的文字把控能力，才可能对信息进行有效的传递。

2. 图片编辑能力

编辑图片应该具备一定的审美意识和视觉传达能力，有独到的发现力和判断力；要有素养，不断更新知识，丰富知识结构，拓展知识面，如设计、版面编排与图文处理等。图片编辑还要有较强的沟通能力，一组图文稿件发稿后，需要图片编辑与设计人员不断沟通、修改，才能使商品信息得以成功体现，向受众传递他们所希望获得的信息。

3. 多媒体信息编辑能力

充分利用数码相机、摄像机、视频采集卡等硬件设备或者数字化的视频文件素材，利用音视频编辑软件制作视频作品，网站编辑一定要掌握一两个常用的视频编辑软件，如Premiere、AE等。

（二）网站编辑的技术能力

网站编辑最主要的要求有几个软件：一般是网页三剑客及制图用的Photoshop，另外最好了解一些HTML语言，随着互联网的发展，有些网站也开始要求编辑会使用CSS代码。

（三）网站编辑的网站优化能力

网站编辑有负责网站推广运营的责任，其工作主要集中在以下几点：

（1）文章内容优化，做好文章标题的撰写、关键词的排布、相关新闻的链接等文章优化工作；

（2）要做好网站、栏目、专题的网站描述和关键词的撰写工作工作；

（3）要做好网站和频道的友情链接工作；

（4）要做好本网站在其他相关网站和领域的推广工作。

随着计算机的日益普及、互联网的蓬勃发展，网站编辑的社会需求越来越高，未来的几年，网站编辑必将成为新一代职场的"宠儿"，在传媒业中发挥重大的作用。

二、网站编辑的职业道德

网站编辑的职业道德是指从事网络信息传播活动的人在长期的职业实践中形成的调整相互关系的行为规范的总和。加强网站编辑职业道德建设既是社会公众对网站编辑工作的一种期待，也是网站编辑事业发展的内在要求，它对网站编辑、网站建设、网络信息传播、全社会道德水平都会产生重大影响。因而，有不少企业及网站等都对针对本单位的网站编辑制定了职业规范。

知识链接

中华网网站编辑职业规范

中华网为了提高内容质量，强化编辑水平，增强版权意识，提高网站的浏览率，特制定了编辑手册，规定什么该做什么不该做，罗列备查信息。

例如，内容编辑方针如下：

（1）坚持正面宣传为主，正确把握舆论导向，与党和政府的宣传口号保持一致；

（2）以网民需要为出发点，不遗漏用户关心的重要新闻，不断充实网页内容，提供更周到的服务；

（3）提倡"抢新闻"和适时发布，缩短与事件发生和信息源的时差；

（4）杜绝政治性差错，避免知识性、文字性差错；

（5）学习网络媒体经验，集众家之长；

（6）鼓励和提倡信息内容的再加工和处理，避免简单的重复和拷贝，杜绝I—C—P（Internet Copy Paste）不良倾向。

参考部分单位所制定的职业规范，总结网站编辑应遵守的职业道德如下：

（1）热爱党、热爱社会主义祖国，坚持四项基本原则，坚持正确的舆论导向，全心全意为人民服务；

（2）遵守宪法、法律和纪律；

（3）维护信息的真实性，忠于事实，不传播虚假信息，以人民利益为准绳，宣传党的政策，反映群众的心声，克服信息编辑中的主观主义倾向；

（4）热情讴歌正义与光明，揭露邪恶和黑暗，主持公道，坚持正义，不畏惧任何压力，

时刻同群众保持密切的联系；

（5）保持清正廉洁的作风，严格要求自己，不利用工作之便谋私利，不拿版面做交易，吃苦耐劳，深入基层，有良好的新闻意识，遵守新闻纪律；

（6）热情为广大读者服务，提供有益身心健康的信息，甘当无名英雄，同行之间，相互尊重，相互学习，发扬团结协作精神；

（7）认真学习马克思主义基本理论和党的路线方针政策，掌握丰富的科学文化知识，加强职业修养。

三、网站编辑的职业守则

（一）网站编辑职业守则基本内容

国家职业标准规定了网站编辑职业守则的基本内容，主要包括以下两方面：

（1）遵纪守法，尊重知识产权，爱岗敬业，严守新闻出版政策规定。

①信息要真实、客观、公正，发现错误尽快更正；

②维护国家安全与司法公正；

③以正当方式从事本职工作，不受贿、不剽窃、保守职业秘密；

④尊重他人名誉与隐私，不诽谤中伤他人；

⑤不伤风败俗，注意保护青少年。

（2）实事求是，工作认真，尽职尽责，一丝不苟，精益求精，发挥团队精神。

案例 1-1

虚假新闻危害大

2011 年 8 月 12 日，有网站刊登《国家税务总局关于修订征收个人所得税若干问题的规定的公告》，即国家税务总局 2011 年第 47 号公告并做了解读，公告文中标记发布日期为 2011 年 7 月 31 日。由于涉及时下备受关注的"年终奖税收"计算方式，经国内多家媒体转载、放大，引起社会广泛关注和议论。

10 月 25 日，国家互联网信息办公室网络新闻宣传局通报，在网络上流传的"国家税务总局关于修订征收个人所得税问题的规定的 47 号公告"已查明属于编造的谣言，国家互联网信息办网络新闻宣传局、公安机关已责成属地管理部门依法依规对制造和传播这些谣言的责任人和网站予以惩处。经公安机关查明系上海励某杜撰而成，公安机关对在网上伪造国家相关文件并传播的励某依法做出行政拘留 15 天的处罚。

从这个案例中可以看出，虚假新闻给社会带来严重危害，影响社会稳定。遵纪守法、实事求是，是每一位网站编辑必须要正视的首要问题，违背了职业守则，也必将会受到法律的严惩。

（二）《中国互联网行业自律公约》

2002年4月，信息产业部（现为工业和信息化部）颁发的《中国互联网自律公约》中自律条款部分有13条，对网络从业者提出了整体和具体要求，具体见表1-3。

表1-3　《中国互联网自律公约》对网络从业者的要求

整体要求	具体要求
（1）遵守国家有关法规、政策以及我国签署的国际规则； （2）接受社会各界的批评与监督，抵制与纠正行业不正之风； （3）内部竞争合法、公平、有序	（1）不制作、发布和传播危害国家安全，危害社会稳定，违反我国法律法规以及迷信、淫秽等有害信息，依法对用户在本网站上发布的信息进行监督，及时清除有害信息； （2）不链接含有有害信息的网站，确保网络内容的合法健康； （3）制作、发布或传播网络信息，要遵守有关保护知识产权的法律、法规； （4）引导广大用户文明使用网络，增强网络道德意识，自觉抵制有害信息的传播； （5）对接入的境内外网站进行监督检查，拒绝接入发布有害信息的网站，消除有害信息对我国网络用户的不良影响； （6）营造健康文明的网络环境，引导青少年健康上网； （7）尊重他人知识产权，反对制作含有有害信息和侵犯他人知识产权的产品

（三）《文明上网自律公约》

2006年4月19日，中国互联网协会发布《文明上网自律公约》，号召互联网从业者和广大网民从自身做起，在以积极态度促进互联网健康发展的同时，承担起应负的社会责任，始终把国家和公众利益放在首位，坚持文明办网、文明上网。

四、网络信息管理相关法律法规常识

（一）我国网络信息立法的现状

目前，我国已制定了上百部有关网络的法律、行政法规、规章、司法解释以及地方性法规。其中，《全国人民代表大会常务委员会关于维护互联网安全的决定》是我国互联网安全立法工作的重大成果，是有关互联网安全规定中最重要的法律文件。

就网络信息立法所规定的内容来说，主要有以下几个方面。

1. 网络安全

我国互联网安全的具体内容包括网络运行安全和信息安全。

2. 网络信息服务与管理

我国将通过互联网向上网用户提供信息的服务活动，分为经营性和非经营性两类，并实行相应的管理制度。

3. 网络著作权保护

著作权法将计算机软件纳入调整范围，明确了信息网络传播权。

4. 电子商务

当事人订立合同，可以采用合同书、数据电文（包括电报、电传、传真、电子数据交

换和电子邮件）等书面形式。当事人约定使用电子签名、数据电文的文书，不得仅因为其采用电子签名、数据电文的形式而否定其法律效力。

5. 未成年人保护

国家采取措施，预防未成年人沉迷网络。国家鼓励研究开发有利于未成年人健康成长的网络产品，推广用于阻止未成年人沉迷网络的新技术。禁止任何组织、个人制作或向未成年人出售、出租或以其他方式传播淫秽、暴力、凶杀、恐怖、赌博等毒害未成年人的网络信息等。中小学校园周边不得设置互联网上网服务营业场所。

（二）网络信息相关法律法规案例

案例 1-2

凡客违法使用领导人形象宣传案

2012 年凡客诚品官方网站推出系列 T 恤，并用国家领导人图片做大幅广告，已违反《广告法》第七条第二款的规定，遭到网民批评，事后凡客撤掉了相关广告。

北京市工商局表示，该广告已经违反法律，将依法对相关企业进行查处，具体处罚结果未出。

分析：中国电子商务研究中心特约研究员张延来律师认为，网络营销与传统线下的营销有着非常大的区别，表现在制作成本、传播载体、覆盖范围、持续时间和面向的对象等多个层面，我国广告法制定于 1994 年，当时尚无网络营销的概念，大量的广告是以广告主委托他人制作广告牌和宣传册等形式进行的，故广告法规定了违法处罚金额以广告费的倍数为计算标准。但网络营销出现后，这一规定已很难适用，因为广告主和制作者往往身份重叠，并且广告成本极低甚至为零，但其辐射的范围和影响却远超线下的实体广告，所以出台新的网络营销规范势在必行。

除网络广告外，网络打折促销、有奖销售、返利等各种新形式的网络营销手段也应该纳入法律的调整范围。另外，主管机关对网络营销的监管和执法力度也应该有所倾斜。从目前的情况看，线上动辄有网站宣称自己是"第一""最佳""领先""全网最低价"等，但这种现象长期存在却始终没有得到有效治理，说明执法者还没有充分认识到网络营销行为已经逐渐取代传统线下营销的趋势。

案例 1-3

"避风港"难避风，韩寒等作家诉百度侵犯著作权

2012 年原告韩寒等作家（以下简称原告）认为被告百度在线网络技术（北京）有限公司和百度时代网络技术(北京)有限公司(以下简称被告)作为专业的文档分享平台，

在明知文学作品的著作权属于原告的情况下，对网友上传的作品是否取得合法授权不加审查，而直接对上传作品进行编辑加工，并向社会公众提供下载和阅读，以此来增加用户量和广告投放量，获取经济利益的行为严重侵害了原告对作品应享有的著作权。被告方却认为，文库只是一种资料分享模式，所有的文稿、档案等资料均来自网友上传，而百度本身并不上传侵权的书籍和作品，因此其并未侵害他人权益。

分析：百度的辩驳表面上看似有理，但是翻查我国所有法律、法规的条约便会发现，此辩驳实难立足。理由如下：

（1）著作权领域中有个"避风港"概念，是指在发生著作权侵权案件时，ISP（网络服务提供商）只提供空间服务，并不制作网页内容，如果ISP被告侵权，则有删除的义务，否则就被视为侵权。

（2）我国《信息网络传播权保护条例》（以下简称《条例》）第二十三条规定"网络服务提供者为服务对象提供搜索或者链接服务，在接到权利人的通知书后，根据本条例规定断开与侵权的作品、表演、录音录像制品的链接的，不承担赔偿责任；但是，明知或者应知所链接的作品、表演、录音录像制品侵权的，应当承担共同侵权责任。"此条例规定同著作权领域中的"避风港"概念内容相通。

（3）根据《世界知识产权组织版权条约》等国际法律公约，未经著作人许可，提供网络平台供他人上传、阅读、下载，无论是网络平台提供者还是上传者，都涉嫌侵权。

因此，确定被告是否构成侵权的关键有二：①被告是否属于"避风港概念中的主体"；②如果其主体概念符合，确定其是否"明知或者应知所链接的作品侵权"。如果其被确定主体符合，但不知或不应知所链接的作品侵权的，则不承担赔偿责任，反之则应当承担共同侵权责任。

被告百度文库对作者或是网友上传的各作品实施了分类等编辑加工行为，因而它扮演了内容提供商的角色，需要对内容产品负法律责任。并且，百度文库在页面上发布广告，百度文库并不是一个"文档分享平台"，而是商业经营平台。其提供他人上传、阅读、下载时并未经著作权人许可，不仅如此，原告在发现侵权行为后，多次致电被告，要求立即停止侵权、采取措施防止侵权行为再次发生，但截止到立案之日，被告文库中仍存在着大量侵犯原告著作权的文档。综上，被告在主体适格的情形下，"明知所链接的作品侵权"，却未实施其应尽的删除等义务，其行为当然侵害了原告的权利。

互联网是一个信息的海洋，作为信息的传播者，网站编辑从业人员担任着维护网络信息安全可信，确保用户的权益不受损害，营造健康文明网络环境的重任，在工作中，应关注陆续出台的法律法规，学习相关条款，不断提高自身的职业道德水平，提升法律法规素养。

知识回顾

本章首先介绍了网站编辑的工作内容,特别是针对电子商务网站介绍网编岗位划分及职责;其次简单说明一般情况下,网编从业人员的职业生涯发展方向,网站编辑、SEO、策划、运营;最后,介绍网编应具备的专业技能、职业道德及职业守则。

通过本章学习,学生能够了解课程学习完毕后,能够做什么,应该做什么,并根据本章内容,分析自身与一名合格的网编从业人员之间的差距,引导学生树立课程学习目标,制订学习训练计划,缩短职业差距。

1. 请对网站编辑职业进行分析。
2. 以下网站招聘网编岗位的招聘要求是什么?
(1)电子商务网站;
(2)门户网站;
(3)论坛网站。
3. 谈谈自身与网编职业的差距。
4. 制订未来学习计划及实施措施。

拓展阅读

中国首例网络话语权案背后的思考

2005年8月份原告单志东首次在被告上海热线信息网络有限公司(以下简称上海热线)经营的上海热线论坛网站上以真实的姓名和个人信息发布了维他奶(上海)有限公司(以下简称"维他奶"公司)用霉变豆粉生产豆奶一事,不久"维他奶"公司的法律顾问向被告发出了律师函,称原告毁坏了"维他奶"公司的声誉并准备起诉原告。随后上海热线仅根据这份律师函,就先后将原告的数十个账号封禁,理由为"内容虚假不实""破坏论坛秩序"。

1月6日,《法制生活报》在A8财经版以整版的篇幅刊登了题为"霉菌超标百倍谁来管?"的记者调查文章,将"维他奶"使用霉变豆粉的事实予以揭露。1月9日,原告单志东在上海热线论坛上发表此篇文章后账号再次被封禁,理由还是"内容虚假不实"。1月14日,原告携《法制生活报》和原告本人的身份证前往上海热线信息网络有限公司,接待的网管确认删帖源于"维他奶"公司的法律顾问发出的那封律师函的压力。1月19日单志东向上海市黄浦区人民法院正式起诉上海热线侵犯言论自由。2月22日第一次庭审。开庭后不久,被告当庭提供证据上海信息产业(集团)有限公司(以下简称信息产业公司)

是 online.sh.cn 的域名所有者的文件资料，提出信息产业公司应当成为被告。3 月 1 日单志东向上海市黄浦区人民法院递交新诉状，将上海热线和信息产业公司一同作为被告。4 月 6 日第二次开庭。4 月 18 日上海市黄浦区人民法院宣布裁定：原告以被告"违宪"侵犯其公民言论自由权为由提起民事诉讼，不属于法院的受理范围。4 月 27 日单志东向法院递交了上诉状。6 月 1 日上海市第二中级人民法院公开开庭审理单志东的上诉。6 月 10 日单志东收到上海市第二中级人民法院的终裁，维持原裁定。

如果从胜诉的概率方面考虑，本案原告诉被告合同违约似乎更适宜。原告单志东在被告开设的 BBS 论坛申请账号时已同意论坛提供的协议内容，双方形成事实上的合同关系。论坛应为包括原告在内的网民提供服务。而被告反复删帖且冻结原告数十个账户的行为显然违反了合同约定。虽然被告提供的协议上注明了在某些情况下删帖封账户是符合约定的行为，但是，这样的约定不论是内容还是成立的方式都显失公平。按照我国《合同法》的规定，是可变更可撤销的合同。

为什么网络空间提供者赋予网管如此大的自由裁量权，为什么其订立的协议内容与其自身营业内容相矛盾呢？"网络话语权"这个概念的缺失是问题的关键。单志东诉上海热线侵犯言论自由权案把网络话语权的保护问题首次推至人们面前。此案中，上海热线这个不具备仲裁和裁判职能的组织在事实上承担了辨别言论真伪的任务，必然引发争议。可见，根源还是在于网络话语权的保护问题。

网络信息的筛选与归类

【知识目标】
1. 能理解信息采集的网络手段与方法。
2. 能理解外围设备采集信息的方法。
3. 能理解网站信息筛选标准与方法。
4. 能理解网络信息归类方法。

【技能目标】
1. 能根据工作需要，高效精准地获取有效的信息资源。
2. 根据网站的定位及规范，筛选信息，实现网络推广的目标。

【知识导图】

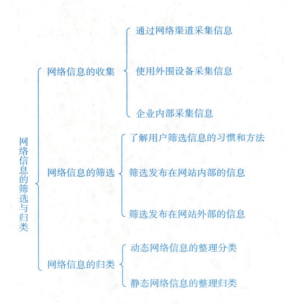

第二章　网络信息的筛选与归类

案例导入

欧莱雅网络营销成功的背后

随着中国男士使用习惯的转变，男士市场的需求逐渐上升，整个中国男士商品市场也逐渐走向成熟，近两年的发展速度更是迅速，越来越多的中国年轻男士护肤已从基本清洁开始发展为美容，美容的成熟消费意识也逐渐开始形成。

2012年欧莱雅中国市场分析显示，男性消费者初次使用个人护理品的年龄已经降到22岁，男士护肤品消费群区间已经获得较大扩展。虽然消费年龄层正在扩大，即使是在经济最发达的北京、上海、杭州、深圳等一线城市，男士护理用品销售额也只占整个护肤品市场的10%左右，全国的平均占比则远远低于这一水平。作为中国男士护肤品牌，欧莱雅男士对该市场的上升空间充满信心，期望进一步扩大在中国年轻男士群体中的市场份额，巩固在中国男妆市场的地位。

营销目标：

（1）推出新品巴黎欧莱雅男士极速激活醒肤露，即欧莱雅男士BB霜，品牌主希望迅速占领中国男士BB霜市场，树立该领域的品牌地位，并希望打造成为中国年轻男士心目中的人气最高的BB霜产品。

（2）欧莱雅男士BB霜目标客户定位于18~25岁的人群，他们是一群热爱分享，热衷于社交媒体，并已有一定护肤习惯的男士群体。执行方式：

面对其他男妆品牌主要针对功能性诉求的网络传播，麦肯旗下的数字营销公司mrm携手欧莱雅男士将关注点放在中国年轻男士的情感需求上，了解到年轻男士的心态在于一个"先"字，他们想要领先一步，先同龄人一步。因此，设立了"我是先型者"的创意理念。

为了打造该产品的网络知名度，欧莱雅男士针对目标人群，同时开设了名为"@型男成长营的"微博和账号，开展了一轮单纯依靠社交网络和在线电子零售平台的网络营销活动。

①在新浪微博上引发了针对男士使用BB霜的接受度的讨论，发现男士以及女士对于男生使用BB霜的接受度都大大高于人们的想象，为传播活动率先奠定了舆论基础。

②有了代言人的加入，发表属于他的先型者宣言，号召广大网民，通过微博申请试用活动，发表属于自己的先型者宣言。微博营销产生了巨大的参与效应，更将微博参与者转化为品牌的主动传播者。

③在京东商城建立了欧莱雅男士BB霜首发专页，开展"占尽先机，万人先型的首发抢购"活动，设立了欧莱雅男士微博部长，为BB霜使用者提供一对一的专属定制服务。另外，特别开通的微信专属平台，每天即时将从新品上市到使用教程、前后对比等信息均通过微信推送给关注巴黎欧莱雅男士公众微信的每一位用户。

营销效果：该活动通过网络营销引发了在线热潮，两个月内，在没有任何传统电视广告投放的情况下，该活动覆盖人群达到3500万用户，共307107位用户参与互动，仅来自新浪微博的统计，微博阅读量即达到560万，在整个微博试用活动中，一周内即有超过69136男士用户申请了试用，在线的预估销售库存在一周内即被销售一空。

第一节　网络信息的收集

一、通过网络渠道采集信息

（一）网络信息采集的方法

1. 通过搜索引擎采集

搜索引擎是一个系统，能从大量信息中找到所需的信息，提供给用户。搜索引擎的出现逐渐改变了人们的生活习惯和思维方式。

2. 通过网站采集

根据需要的信息类别直接到相关网站进行采集。如新闻信息网站可以访问人民网、新华网、中国日报网等；财经信息网站可以访问商务部网站、财政部网站、人民银行网站等；教育信息网站可以访问各个大学网站、中国教育和科研计算机网、教育部网站等；科技信息网站可以访问国家科技部网站、各门户网站科技频道、中国公众科技网等；网络文学网站可以访问榕树下、红袖添香、潇湘书院等。

3. 通过论坛采集

网站编辑可以到各种论坛中找内容、发现信息源。论坛中的信息质量参差不齐，很多原创内容被埋没在了大量的无关内容中。综合论坛有天涯社区、猫扑、新浪论坛、搜狐论坛等。

4. 通过邮件列表采集

邮件列表是指建立在互联网上的电子邮件地址的集合。利用这一邮件地址的集合，邮件列表的使用者可以方便地利用邮件列表软件将有关信息发送到所有订户的邮箱中。国内提供邮件列表服务的网站有希网、索易等，此外，百度、谷歌等网站也提供分类或关键词邮件新闻订阅等服务。

5. 通过网络数据库采集

网络数据库具有信息量大、更新快，品种齐全、内容丰富，数据标引深度高、检索功能完善等特点，也是获取信息尤其是文献信息的一个有效途径。网络数据库有收费数据库和免费数据库之分。收费数据库一般需要购买使用权；免费数据库主要是专利、标准、政府出版物，一般是政府、学会、非营利性组织创建并维护的数据库。

（二）通过搜索引擎获取信息

1. 关键词搜索

关键词是指表示文献实质意义的名词或词组，常出现在文献篇名或文献正文中。它是科技论文的文献检索标识，是表达文献主题概念的自然语言词汇。关键词选得是否恰当，关系到该文被检索和该成果的利用率。

为了更好地利用关键词搜索我们所需要的信息，我们可以灵活利用运算符号把几个关键词连接起来，以便搜索同时满足这几个条件的信息，具体操作见表2-1。

表2-1　关联词连接搜索操作

序号	符号和检索词	内容
1	+	用加号把两个关键词连成一对时，只有同时满足这两个关键词的匹配才有效，而只满足其中一项的将被排除。比如我们键入"电脑+计算"，则在查询"电脑"的结果中将不包含"计算"的结果排除
2	-	如果两个关键词之间用减号连接，那么其含意为包含第一个关键词，但结果中不含第二个关键词。例如，我们键入"电脑-计算"，则在查询"电脑"的结果中将包含"计算"的结果排除
3	( )	当两个关键词用另外一种操作符号连在一起，而又想把它们列为一组时，就可以对这两个词加上圆括号。我们可以键入"（电脑-计算）+（程序设计）"来搜索包含"电脑"，不包含"计算"但同时包含"程序设计"的网站
4	*	可代替所有的数字及字母，用来检索那些变形的拼写词或不能确定的一个关键字。比如键入"电*"后查询结果可以包含电脑、电影、电视等内容
5	" "	用引号括起来的词表示要精确匹配，不包括演变形式。比如我们键入带引号的"电脑报"，则"电脑商情报"等信息就不会在结果中出现
6	使用元词检索	大多数搜索引擎都支持"元词"（metawords）功能，依据这类功能用户把元词放在关键词的前面，这样就可以告诉搜索引擎你想要检索的内容具有哪些明确的特征

2. 使用常用搜索引擎——百度

（1）百度搜索引擎概述。百度搜索引擎于1999年年底由李彦宏和徐勇创建。百度是目前国内最大的商业化全文搜索引擎。百度搜索引擎由四部分组成：蜘蛛程序、监控程序、索引数据库、检索程序，如图2-1所示。

百度搜索引擎使用了高性能的"网络蜘蛛"程序而自动在互联网中搜索信息，可定制高扩展性的调度算法使得搜索器能在极短的时间内收集到最大数量的互联网信息。百度搜索引擎拥有庞大的中文信息库，总量达到6000万页甚至以上，并且还在以每天几十万页的速度快速增长。

网站内容编辑

图 2-1

百度还有股票、列车时刻表；飞机航班查询；精确匹配（双引号和书名号）；高级搜索和个性设置等。常用搜索引擎还有谷歌、搜狐、必应、有道等。

（2）百度搜索具体操作步骤。在说使用方法之前我们先了解一下如何让结果更匹配我们的需求？

方法 / 步骤：

例如，我们搜索"书籍网站推荐"，可能是想找一篇文章，里面系统介绍若干优质的可以查看书籍的网站。但实际操作，往往搜索出来一大堆乱七八糟的网站。

那么，怎么能让搜索结果和自己的期望值更加符合呢？说几个大家经常遇到的问题：

①关键词的秘密。在百度搜索"电影网站推荐"，以及搜索"电影网站推荐"，有什么异同？

②如何选择关键词？

例如，我们想要减肥，很关心减肥的时候适合吃什么食物，这时候应该用什么关键词去搜索？

③如何缩小查找范围？

例如，我们都知道，豆瓣是电影评分、评价、推荐类最为权威和全面的一个网站。有一天，我想看悬疑电影，想要搜索几部别人推荐的电影。我希望在百度搜索的时候，只返回豆瓣网的查找结果，应该怎么做？

④如何"不查找某些内容"？

例如，我们希望查找的结果里面不要包含"密码"这个关键词，具体应该怎么做？

所以，再简单的事其实都可以不断深入思考，做到比原来更好。牛人之所以为牛人，不是吃了什么灵丹妙药就一步登天了，而是在这些细微的地方从来不忘记琢磨。

上面提到的问题，我们都可以通过学习几个简单的搜索技巧来搞定。

在这之前，我们来学习搜索引擎非常核心的一个概念，叫"分词"。

什么叫分词呢？百度搜索引擎的处理流程是怎样的呢？

方法 / 步骤：

例如，我们用"文学小说推荐"这个关键词在百度进行搜索，百度大概的处理流程是下面这样子的，如图 2-2 所示。

第二章 网络信息的筛选与归类

图 2-2

  查找是否有网页包含"文学小说推荐"这个完整的关键词，有就优先返回到查找结果。
  百度会拆分这个长关键词，如会拆分成"文学""小说""推荐"，以及他们的组合词，比如"小说推荐"。
  百度会分别用拆分出的这些关键词去查找是否有匹配网页，有就进行返回操作。
  这个过程的第二步就可以理解为"分词"。当然，搜索引擎真正的工作过程肯定比这个要复杂得多，但对我们来说理解到这个程度就差不多了。
  了解了基本概念和搜索引擎的基本工作过程，我们再来掌握搜索引擎最核心的一个使用性的功能——搜索指令。这个也是我们的重点——百度搜索使用方法。
  什么叫搜索指令呢？如何使用搜索指令呢？
方法 / 步骤 1：
  假设我们在百度搜索"文学小说推荐"（注意，一定要包含双引号），搜索结果如图 2-3 所示。
  方法 / 步骤 2：
  你会看到，所有搜索结果都完整包含了"文学小说推荐"这个关键词。

图 2-3

在这里，双引号其实就是一个搜索指令（注意，是英文状态的双引号）。

它的作用是：告诉搜索引擎，将双引号里面的关键词作为一个整体进行搜索，不要进行分词操作。

所以你会看到，有了搜索指令，我们可以告诉搜索引擎更加精细化的搜索要求，从而更快速得到精准的查找结果。

方法 / 步骤 3：

类似的搜索指令还有不少，如下面这些：

intitle：关键词，告诉搜索引擎，标题中一定要包含搜索关键词（网页内容有不算数）。

同时，不同的搜索指令有时候还可以搭配使用。

比如 intitle 和 ""搭配使用的效果如下图 2-4 所示。

图 2-4

下面的一些搜索指令也很好用，篇幅限制，这里仅简单介绍下。
方法/步骤：
关键词 filetype：文件类型只搜索特定格式的文件。
site：网址这个指令的作用是只在特定的网页进行查找并返回结果。
关键词 A- 关键词 B：搜索包含关键词 A，但不包含关键词 B 的网页。
注意事项：
关键词加引号的词如"推理小说推荐"，注意，是英文状态的双引号。

（三）通过专业行业网站获取信息

随着计算机技术、网络技术的迅猛发展，以网站为依托的信息传播、管理、储存、检索对社会各行业的渗透广度和深度发生了巨大变化。网站专业化发展的趋势表现尤为突出。由于不同网站对不同行业的影响或是其关联度不同，相继出现了门户网站、专业网站、专业垂直网站等。其中，垂直行业门户网站对该行业信息的广度、深度、精细度、准确度更高，时效更好。我们以垂直行业门户网站为例，讲解通过行业专业网站获取信息的方法。

1. 垂直行业门户网站及分类

（1）垂直行业门户网站。垂直行业门户网站是指面向特定行业领域，为企业以及商务人士提供信息交流、资源互享，提供实物和服务交易的第三方电子商务平台。

垂直行业门户网站是相对传统门户网站内容广泛而全面，覆盖各行各业而言的。垂直行业门户专注于某一领域（或地域），如IT、娱乐、体育，力求成为关心某一领域（或地域）内容的人上网的第一站。

垂直行业门户网站的特色就是专一。他们并不追求大而全，只做自己熟悉领域的事。他们是各自行业的权威、专家，其吸引顾客的手段就是将网站做得更专业、更权威、更精彩。而垂直网站的顾客也不是普通的顾客。他们基本上都是该行业的消费者。每一个顾客代表的购买力比综合网站顾客的平均水平要高出许多倍。因此，垂直行业门户网站便为顾客提供了一条龙式的服务模式——以自己的内容指引顾客消费自己的商品。垂直行业门户网站的电子商务有专家指引，购物方便又明智，吸引了越来越多的顾客。

（2）垂直行业门户网站的分类。企业性质垂直行业门户网站：利用企业在该行业的领先地位而建立，以行业信息资源整合、扩大企业形象宣传为目的，如图2-5所示。

图2-5

运营性质行业门户网站：利用自身技术优势、运营优势等资源优势而建立的，以信息资源整合、为行业供需双方提供服务从而达到盈利目的的网站。如图2-6所示，深圳海天电子商务有限公司是一家电子商务服务公司，该公司自主研发的IT软件（深圳海天电子商务有限公司面向行业协同电子商务系统软件）是为垂直行业类门户网站量身定做的大型软件系统。

行政性质行业门户网站：利用行业号召力和社会公信力，以行业资源整合推广、服务行业企业和用户、提高辖区行业知名度、进行招商引资等为目的。

第二章　网络信息的筛选与归类

图 2-6

2. 通过垂直行业门户网站获得信息

案例 2-1

慧聪网的优势互补策略

　　慧聪网成立于 1992 年,是国内领先的 B2B 电子商务服务提供商,其依托核心互联网产品买卖通以及雄厚的传统营销渠道——慧聪商情广告与中国资讯大全、研究院行业分析报告为客户提供线上、线下的全方位服务,这种优势互补,纵横立体的架构,已成为中国 B2B 行业的典范,对电子商务的发展具有革命性影响。

　　通过慧聪网获取商品、交易等方面的专业信息,在检索信息的同时也可以发布信息,用户可以根据自己的需要和屏幕上的提示进行。

案例 2-2

　　通过百企网(图 2-7)可获得以下信息:

　　(1) 展会信息。为广大中小企业提供最新展会信息、组织企业参加展会,提高企业知名度。

　　(2) 网上订单。为广大中小企业提供网上交易平台,促进企业电子商务发展。

　　(3) 网上融资。为广大中小企业收集网上订单数据,为中小企业选择合适的金融产品。

　　(4) 设备采购。为广大中小企业提供进口大型印刷/纺织等设备融资咨询服务。

　　(5) 网上物流。为广大中小企业收集网上物流数据,提供给银行作为企业信贷评分项之一。

　　(6) 水电数据。为广大中小企业收集水、电单数据,提供给银行作为企业信贷评分项之一。

图 2-7

除此以外，还有很多垂直行业门户网站，可以根据自己的需要选择。

二、使用外围设备采集信息

（一）摄像机的视频采集

摄像机（Video Camera）把光学图像信号转变为电信号，以便于存储或者传输。当我们拍摄一个物体时，此物体上反射的光被摄像机镜头收集，使其聚焦在摄像器件的受光面（如摄像管的靶面）上，再通过摄像器件把光转变为电能，即得到了视频信号。光电信号很微弱，需通过预放电路进行放大，再经过各种电路进行处理和调整，最后得到的标准信号可以送到录像机等记录媒介上记录下来，或通过传播系统传播或送到监视器上显示出来。

1. 摄像机的分类

按质量档级可以将摄像机分为三类，见表 2-2。

表 2-2 常用摄像机

广播级摄像机	业务级摄像机	家用级摄像机
索尼 SRW-9000PL 便携全画幅摄录一体机	索尼 DSR-PD150	索尼 DSR-PD100

（1）广播级摄像机。质量要求较高，各项技术指标为最优，价格昂贵，主要用于电视台和电视制作公司的电视节目制作。例如 BVP-70P，DV-700P 等。

（2）业务级摄像机。业务级摄像机一般常用于教育部门的电化教育及工业监视等系统中。其性能指标也比较优良，各项技术指标为中等，价格也适中，多用于学校教学和工业监视。

（3）家用级摄像机。家用级摄像机种类繁多，主要特点是体积小、重量轻、功能多、使用操作简便、价格低廉。其质量等级比不上广播级或业务级，多为单片 CCD 摄录一体机。在教学中也常使用此档级的摄像机制作节目或开展微格教学等。

2. 摄像机的使用

（1）准备好摄像机，在机器内安装好电池和预备电池。

（2）握紧摄像机，两脚间距为肩宽。画面稳定是拍摄的基本，如果摄像机在拍摄时机体过度晃动，放像时画面将不稳定，会让观众看起来头昏眼花，好像晕船一样。

（3）对准拍摄物体，按下录像按钮，开始拍摄，再按一次便停止录像。一幅景象约拍摄 10 秒，一边拍摄，一边慢慢地移动摄像机。如果一个镜头的时间太短，则图像看不清晰，观看时疲劳，因此每个镜头最少应拍摄 10 秒。

3. 拍摄技巧介绍

（1）在拍摄移动的目标时，我们可以用摇摄或推拉镜头的方法也可以用移摄的方法去表现。但拍摄同一个目标，运用的拍摄方法不同，其效果会迥然不同。

（2）在介绍较大的场景时，摇摄有自己的优点：可以在几秒内从水平线的这一头扫摄到另一头，但大部分画面都在相当距离外，细微部分无法拍出来。如果采用移摄法，就可以靠近所要拍摄的目标，就可以在同一片段中显示出不同角度的几个画面，就可以拍出移摄无法拍出的细微处。

（3）而对静止目标的拍摄——例如要拍一组表现走近一座大楼时的情景时，这时使用移摄法向前移动拍摄是再合适不过了，因为这会让人真正感觉到画面在动，其效果比较自然。

（4）使用辅助设备。

①三脚架台车。一般来说，一边捧着摄像机走路一边拍摄，可能造成所拍摄的画面很不稳定。移动拍摄所需要解决的最大难题就是如何防止摄像机晃动。在拍摄移动物体时，最好有某种带轮子的支撑物，最专业的做法是使用摄影台车，就是拍摄移摄镜头时在地上铺设简单的铁轨：把摄影机装设在一架装有轮子的平台上，然后推着这个平台在铁轨上移动，这种平台就称作摄影台车。如图 2-8 所示，这是目前专业摄像最常用的做法，也是保证摄像质量最有效的做法。

②徒步移摄。许多情况下是无法借助器材来移动拍摄的，如家庭录像、新闻采访、旅游摄像等，只能依靠摄像者的步法来维持摄像机的稳定，这就要求摄像师不能像平常那样随便走步，而应双腿屈膝，身体重心下移，蹑着脚走。腰部以上要正直，行走时利用脚尖探路，并靠脚补偿路面的高低，减少行进中身体的起伏。腰、腿、脚三者一定要协调配合

好，这样就可以使机器的移动达到滑行的效果。

（二）扫描仪采集数据的方法

1. 扫描仪简介

扫描仪（图2-9）是一种计算机外部仪器设备，通过捕获图像并将之转换成计算机可以显示、编辑、存储和输出的形式的数字化输入设备。照片、文本页面、图纸、美术图画、照相底片、菲林软片，甚至纺织品、标牌面板、印制板样品等三维对象都可作为扫描仪的扫描对象。扫描仪提取和将原始的线条、图形、文字、照片、平面实物转换成可以编辑的内容并加入文件中。

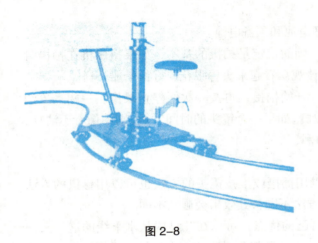

图2-8　　　　　　　　　　　　　　图2-9

2. 扫描仪的分类

扫描仪的形式多种多样，如按输出颜色划分，有黑白扫描仪和彩色扫描仪；如按扫描方式划分，有手持扫描仪、平板扫描仪和滚筒扫描仪。

手持扫描仪（图2-10）诞生于1987年，是当年使用比较广泛的扫描仪种类，最大扫描宽度为105毫米，用手推动完成扫描工作，也有个别产品采用电动方式在纸面上移动，称为自动式扫描仪。

平板扫描仪（图2-11）使用的则是光电耦合器件CCD（Charged-Coupled Device），具有用途广、功能强、价格适中的特点，已广泛应用于图形图像处理、电子出版、广告制作、办公自动化等许多领域。

滚筒扫描仪（图2-12）一般使用光电倍增管PMT（Photo Muhiplier Tube），因此它的密度范围较大，而且能够分辨出图像更细微的层次变化，它用于专业印刷领域。

3. 扫描仪采集对象

网站编辑在进行信息采集的时候，需要使用扫描仪将商品的证件进行扫描并在网页上进行展示，使消费者得到最直观的信息，如品牌授权证、报关证、珠宝证书等。

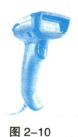

图 2-10

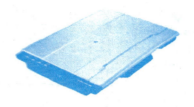

图 2-11

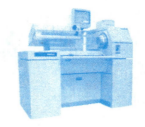

图　2-12

比如同样的商品在不同的网店中销售的价格是不相同的，消费者如何辨别真伪呢？有些消费者会以价格来进行比较，选择价格低廉的商品；有些消费者会选择价格适中的商品，感觉价钱中等应该不会买到假货；等等。那如果有几家网店价格相差不大，其中只有一家有品牌授权认证，那你会选择哪一家店铺呢？下面就简单介绍几种产品认证方式，如图 2-13 至图 2-15 所示。

相宜本草 | 授权书

上海相宜本草化妆品股份有限公司兹授权：聚美优品 JUMEI.COM

上海相宜本草化妆品股份有限公司授权聚美优品（www.jumei.com)为本公司销售相宜本草品牌系列商品。

授权网站地址：http://www.jumei.com

授权期限：至2015年1月1日至2015年12月31日

上海相宜本草化妆品股份有限公司

图 2-13

QG98

中华人民共和国海关

进出口货物收发货人报关注册登记证书

海关注册登记编码　1111960171

注册登记日期　2006 年 3 月 6 日

中华人民共和国　平谷海关

企业名称	中模国际贸易（北京）有限公司
企业地址	北京市顺义区北务镇商业街14号
法定代表人（负责人）	王泰山
注册资本	1000万人民币
经营范围	销售金属材料，1类医疗器械，汽车配件，化工产品（化学危险品及一类易制毒化学品除外）日用百货，日用杂品，文化办公用品，电子计算机软、硬件及外围设备，针纺织品，五金，交电，机械电子设备，技术开发，技术转让，技术咨询，技术服务，技术培训，货物进出口，代理进出口，技术进出口，结算运杂费，承办展览展示，信息咨询（中介服务除外）

主要投资者名称	出资额及比例

备注：本证书有效期至 2009 年 3 月 6 日，报关单位应当在有效期届满前三十日至海关办理换证手续，逾期自动失效。

图 2-14

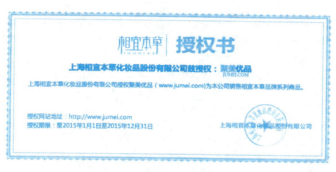

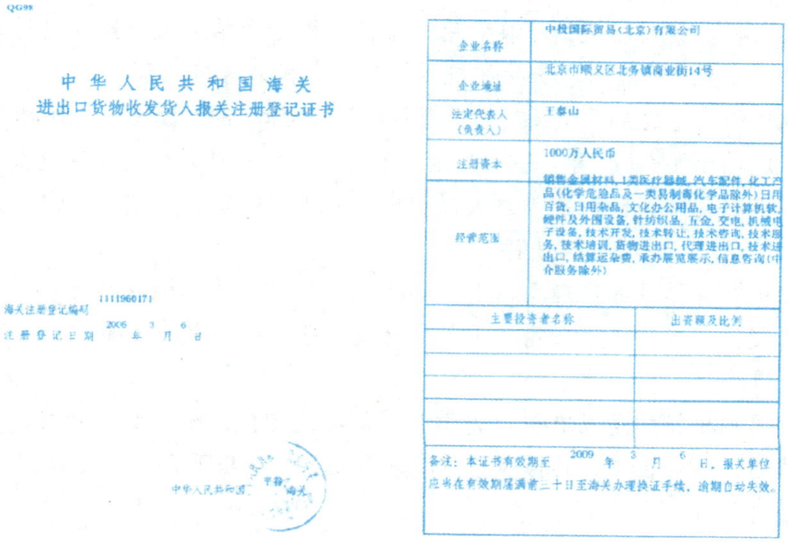

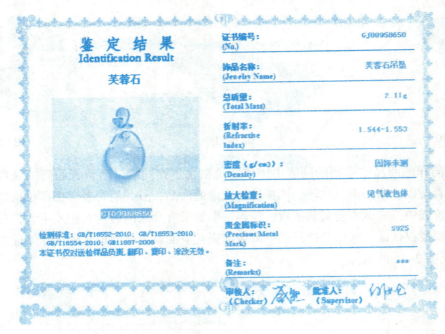

图 2-15

知识链接

数码相机的使用

数码相机，英文全称 Digital Still Camera（DSC），简称 Digital Camera（DC），又名数字式相机。数码相机是一种利用电子传感器把光学影像转换成电子数据的照相机，按用途可分为单反相机、卡片相机、长焦相机和家用相机等。

单反数码相机指的是单镜头反光数码相机，即 digital（数码）、sinde（单独）、lens（镜头）、reflex（反射）——DSLR。单反数码相机可以更换多种镜头进行拍摄，可以很好地捕捉动态画面，是普通数码相机不能比拟的。目前市面上常见的单反数码相机品牌有：尼康、佳能、富士等。

卡片相机在业界没有明确的概念，仅指那些外形小巧、机身超薄较轻、外观设计时尚的数码相机。卡片机一般携带方便，功能不强，一般是自动曝光，适合对照片要求不高的拍摄。

长焦数码相机指的是具有较大光学变焦倍数的相机，光学变焦倍数越大，能拍摄的景物就越远，适合在户外拍摄风景等（表 2-3），如松下 FX 系列、富士 S 系列、柯达 DX 系列等。

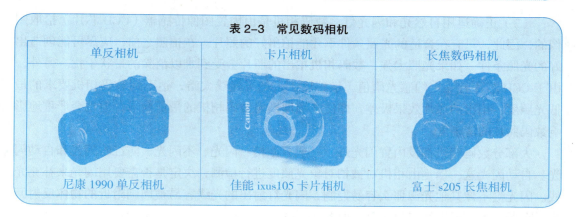

表 2-3　常见数码相机

单反相机	卡片相机	长焦数码相机
尼康 1990 单反相机	佳能 ixus105 卡片相机	富士 s205 长焦相机

（三）数码相机的使用

1. 具体使用方法

（1）设定数码相机的参数。数码相机在其设置菜单中一般都提供多种设定参数，其中包括图像分辨率、聚焦方式、光圈、快门等。对于数码相机来说，最常用的是图像分辨率的设置。每次拍摄之前，必须检查相机的设置菜单，如图 2-16 所示，以确认分辨率、快门等参数是否设置正确。否则，拍出的照片可能达不到预期效果。

图 2-16

（2）被拍对象主体充满取景框。使用数码相机时，为取得更好的效果，应尽量选择最高分辨率，并使被拍对象主体充满取景框。如果只是拍摄一个单独的对象，如一个面部特征，这时应将被拍对象主体充满取景框，至于照片的构图，可以不做重点考虑，如图 2-17 所示。

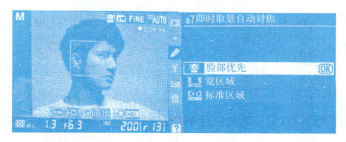

图 2-17

（3）正确运用自然光和闪光灯。数码相机是由内置图像传感器（CCD芯片）拾取图像的，因此，只有在合适的光照条件下才能拍出好的照片。在拍照之前，应尽可能创造出好的光照条件。如果光照太强，数码相机拍出的照片会受到难以消除的带状干扰。另外，由于CCD芯片有一定的感光阈值（敏感度），如果光线太暗，达不到数码相机要求的最低光照度，拍出的照片效果极差。即使光照度满足数码相机的最低要求，但也会严重地影响数码照片的清晰度。

大部分数码相机都设内置闪光灯，一般有四档：闪光、不闪光、防红眼闪光和自动闪光。自动闪光这一档是由相机对被拍对象光照度进行检测，决定是否需要用闪光来补充光线。闪光灯不像其他光源那么容易控制，闪光灯射出的光线容易被周围附近的物体反射回来，在照片上形成不均匀的光斑，如图2-18所示。

图2-18

2. 商品拍摄环境介绍

（1）微距。既然是商品拍摄，就要有一款适合静物拍摄的相机，最好有微距功能，如图2-19所示。

图2-19

（2）三脚架（图2-20），是我们从事商品拍摄乃至其他各类题材摄影不可或缺的主要附件。为避免相机晃动，保证影像的清晰度，使用三脚架是必须的。

（3）灯具，是室内拍摄的主要工具，如果有条件，应配备三只以上的照明灯。建议使用30W以上三基色白光节能灯，价格相对便宜，色温也好，很适合家庭拍摄使用，如图2-21所示。

图 2-20　　　　　　　　　　　图 2-21

（4）商品拍摄台（图2-22），是进行商品拍摄必备的工具，但也可以因陋就简，灵活运用。办公桌、家庭用的茶几、方桌、椅子和大一些的纸箱，甚至光滑平整的地面均可以作拍摄台使用。

（5）背景材料，如果到照相器材店购买正规的背景纸、布，费用很高，在一般小的房间里使用起来也不一定方便。可以到文具商店买一些全开的白卡纸来解决没有背景的问题，也可以到市场购买一些质地不同（纯毛、化纤、丝绸）的布料来做背景使用，如图2-23所示。

图 2-22　　　　　　　　　　　图 2-23

3. 摆拍图的拍摄

开网店最重要的就是把商品最好的一面展示给买家，有助于买家选择自己的商品。摆拍图的拍摄非常有技巧，不同的商品要应用不同的灯光和相机设置。

（1）整体拍摄。在拍摄之前，要了解物品的材料、颜色和卖点，在拍摄时可以按照物品颜色的深浅、物品材料的种类等进行拍摄。在拍摄产品图片时，一般先拍摄一张正面主图（图2-24），另外再拍摄几张不同角度的辅图或细节图等。

拍摄时，不同类型的物品会采用不同的布光，如深色的物品，需要把曝光适当增加，纯白色物品需要适当减少曝光。不同的物品在拍摄时有反光或者大批纹理，数码相机有时分辨率不够或者由于反光等原因会涌现太阳纹。因此，要适当调节光位，或者调节拍摄角度。选择光线方面，细腻的纹理比较适合使用柔和点的光；粗糙质地比较适合直接打光。选择的拍摄角度，假如光的调整还不是非常完整，那么就要借助图片处理工具修饰一下了，注意修饰的过程中不要让图片和实物有太多的差别，如图2-25所示。

图 2-24

图 2-25

对于初学者要多学习成熟店铺的经验，多向高人取经，多看精美的图片，要学习和模仿他们的拍摄角度和方法，从中感悟和创造更好的造型和图片。

（2）微距拍摄。带微距档的变焦镜头是一种比较流行的方式，使用起来方便灵活。通常微距镜头上都会有放大率的标识。其中一个微距的拍摄技巧是根据主体大小预先决定大概的放大率，预先设好大概的镜头对焦，再接近主体以做拍摄。微距拍摄是用上了较高放大率，故有将手振"放大"的效果，因此可以使用三角脚架在拍摄微距相片。

三、企业内部采集信息

（一）客户信息获取

1. 客户信息定义

客户信息是指客户喜好、客户细分、客户需求、客户联系方式等一些关于客户的基本资料。

2. 客户信息的采集

客户信息采集指客户数据的采集、整理和加工，客户知识获取指客户信息的统计、分析和预测，客户知识运用指客户知识的发布、传递和利用。

客户信息的采集是企业营销活动的一项系统性工作，面临着如何高效获取并不断更新客户信息的问题，而且客户信息的不同维度来源途径和获取程度存在各种差异。

不同的行业和企业定义客户的信息视图有所差别，企业需要通过客户的信息和行为来描述特征，尤其当定义潜在目标客户群时，更是需要如此。

3. 获取客户信息的来源

一般来说，企业获取客户信息的来源主要是企业内部已经登记的客户信息、客户销售记录、与客户服务接触过程中收集的信息，以及从外部获得的客户信息。

很多企业也有意识地组织一些活动来采集客户信息，如经常采用的有奖登记活动，以各种方式对自愿登记的客户进行奖励，要求参加者填写他们的姓名、电话和地址等信息，这样的一些活动能够在短时间内收集到大量的客户信息。

收集客户资料的方法还包括满减和折扣券、会员俱乐部、赠送礼品、利用电子邮件或网站来收集等，如图2-26和图2-27所示。

图2-26

图2-27

科学的客户信息管理是凝聚客户、促进企业业务发展的重要保障。客户信息是一切交易的源泉。由于客户信息自身的特点，进行科学的客户信息管理是信息加工、信息挖掘、信息提取和再利用的需要。通过客户信息管理，可以实现客户信息利用的最大化和最优化。

4. 客户信息包含内容

客户信息包含内容见表2-4。

表2-4 客户信息包含内容

项目	内容
客户名称	描述客户名称，可以是客户的公司名称也可以是易记简称，如广州市富强软件技术有限公司
所属区域	按照客户的业务范围进行定义，如果客户的经营范围是国内大区，可以分为华南、华东、华中、华北、西南、西北等
客户性质	就是客户的企业性质，可以设置为国有企业、中外合资、私营或个体户、合伙企业、外商独资等。这项字段的定义是在"系统设置"→"系统字典"→"客户性质"栏目中设置的
客户来源	可以设置为网站广告、展览会、客户推荐、电话、邮件、报刊广告、黄页、朋友介绍等。这项字段的定义是在"系统设置"→"系统字典"→"客户来源"栏目中设置的
客户类别	可以设置为潜在终端客户、潜在代理、现有终端客户、现有代理、流失终端客户、流失代理等。这项字段的定义是在"系统设置"→"系统字典"→"客户类别"栏目中设置的
所属行业	按照客户的所属行业进行定义，可以设置为教育、医疗卫生、政府、化工等。这项字段的定义是在"系统设置"→"系统字典"→"行业"栏目中设置的
信用状况	销售人员自行衡量评估客户的信用状况，可分为一至五星
联系策略	设定客户的联系周期。系统为了防止用户长时间不与客户联系，系统将按照这个策略给用户提醒跟进计划。这项字段的定义是在"系统设置"→"系统字典"→"联系策略"栏目中设置的，但是设置的定义是在"系统设置"→"系统字典"→"客户联系策略定义"栏目中定义的
购买策略	设定客户的购买周期。是为了防止客户流失而用户又没留意。当客户超出这个策略时间没有购买记录，系统自动生成一条客户业务下滑提醒，让用户及时采取一些行动，挽留客户。这项字段的定义是在"系统设置"→"系统字典"→"购买策略"栏目中设置的，但是设置的定义是在"系统设置"→"系统字典"→"客户购买策略定义"栏目中定义的
员工数量	这个字段是为了能更清楚地了解客户的现状
规模	这项字段的定义是在"系统设置"→"系统字典"→"销售规模"栏目中设置的
从业时间	这项字段的定义是在"系统设置"→"系统字典"→"从业时间"栏目中设置的
行业地位	这个字段是为了能更清楚地了解客户的重要程度。可以设置为领导者、较有影响、影响一般和没有影响力等。这项字段的定义是在"系统设置"→"系统字典"→"行业地位时间"栏目中设置的

续表

项目	内容
结算方式	例如，现款现货、一个月回款、票到付款、2个月回款、3个月回款等。这项字段的定义是在"系统设置"→"系统字典"→"结算方式"栏目中设置。
希望代理	了解经销商客户的发展动向
电话	客户的常用联系电话，是公司的电话
传真	客户的传真号码
电子邮件	用户可以通过系统给客户发送电子邮件，而不用重复输入
单位网址	记录客户的单位网址，方便查找和了解客户的更多信息
通信地址	方便给客户邮寄资料
邮政编码	记录客户所在地区的邮政编码
交易次数	系统自动统计客户的消费次数
交易金额	系统自动统计客户的总交易金额，方便了解客户的重要程度
首次交易	系统自动记录客户的业务往来开始时间
最近交易	系统自动记录客户的最近一次购买时间，方便跟踪客户

（二）商品信息获取

1. 商品定义

会计学中商品的定义是指商品流通企业外购或委托加工完成，验收入库用于销售的各种商品。商品的基本属性是价值和使用价值。价值是商品的本质属性，使用价值是商品的自然属性。

2. 商品信息的采集

经销商采购新产品不能一味听从厂家的宣传和推荐，经销商需培养主动分析、独立判断的能力。为此，经销商必须建立新产品信息的收集渠道，以及开拓新厂家的快速反应机制。商品信息的采集途径见表2-5。

表2-5 商品信息的采集途径

项目	途径
下级客户	经销商的下级客户可紧密接触客户，能及时掌握客户的需求动向。他们为了迎合客户不断产生的新需求，往往会在第一时间把相关产品需求信息上报给经销商。经销商一定要重视这一点，应该积极、主动地定期询问下级客户，及时掌握来自客户的信息反馈
报刊媒体	新闻媒体以追新求变为生命，往往能预示新消费潮流的出现，其中蕴含了许多新的消费需求。当某类新产品在一些区域的媒体报道中反复出现时，就直接道出了商机。同样，很多厂家的宣传意识也越来越强，常会想方设法在大众媒体和专业媒体上宣传自己。所以经销商应坚持关注媒体信息，寻找商机

续表

项目	途径
网上搜索	网络快捷的信息传递手段。一些新产品的信息往往在第一时间就被发布在网上。有些新产品因概念过新，或因存在区域性的传播速度问题，未能在市场上迅速走红。不过，经销商也应把握并了解，以便为将来承销同类产品奠定基础
同行	每位经销商都有一定的信息来源渠道，因此，有时还可以直接借鉴同行的信息资料。因为同行所推荐的新厂家往往是经过一定实践验证的，至少比厂家自己宣传的内容更真实些。不管这个同行是本地的还是外地的，都应保持主动的联系与沟通，以期多获得一些新产品、新厂家以及市场新动向的信息。这就需要经销商在参加各种经销商年会时有意识地结交异地的同行
厂家的业务人员	厂家的业务人员都有广泛的关系和人脉，自然也比较熟悉市场新动向和产品新信息。所以，经销商应有意识地引导厂家的业务人员介绍相关的新产品信息，甚至可以引导他们为经销商收集新产品、新厂家的信息
厂家的市场部	厂家的市场部是专业的市场研究部门，专门研究市场的趋势动态，开展对新产品的市场调查工作。与厂家市场部保持紧密的良性关系，不但可以得到第一手新产品信息，而且还能获得完整的市场现状和未来发展趋势的分析报告。不过，这些报告一般都价值不菲
具有代表性的终端	几乎任何一个城市都会有代表性的本地终端，如本地人最喜欢的百货公司，人气最旺的超市卖场，或是代表当地最高消费水平的零售店等。一些新产品往往都会率先选择这些具备代表性的终端，及时收集信息
鼓励员工参与收集新产品信息	让自己的员工参与新产品的信息收集工作，不但成本低廉并且还可长期坚持。加之员工多是当地人，他们往往能从业务人员和本地消费者的双重视角来评判消费动向
各类展会	利用各类行业性的展览会议广泛接触新厂家。目前，在快速消费品行业，每年的行业项目展会是大多数经销商与新厂家接触的最佳契机。但此类展会的时间往往只有短短数日，因此，经销商在参会前就应有计划地设定自己的接触目标，并应尽可能设法弄到相关的会议资料，及早锁定目标，争取在短时间内接触较多的新厂家

（三）订单信息获取

1. 订单定义

订单是企业采购部门向原材料、燃料、零部件、办公用品等的供应者发出的订货单。

2. 订单管理

订单管理是客户关系管理的有效延伸，能更好地把个性化、差异化服务有机地融入客户管理中，能推动经济效益和客户满意度的提升。订单供货的目的是让客户自由选择，货源安排做到公开透明，产品能更加适应和满足消费者的需要。其业务流程的变化首先体现在企业客户经理的工作上。客户经理对辖区内客户需求预测和具体订单是否准确，不但关系到工业企业和零售户对公司的满意度，更关系到按客户订单组织货源这项工作能否顺利开展。

订单管理是一个常见的管理问题，包含在公司的客户订单处理流程中。客户下订单的方式多种多样、订单执行路径千变万化、产品和服务不断变化、发票开具难以协调，这些情况使得订单管理变得十分复杂。订单管理可被用来发掘潜在的客户和现有客户的潜在商业机会。订单取决于需求，订单管理就是处理订单。

3. 订单的主要内容

在网上销售时订单是卖家与买家订立的购货合同，大部分的运输途径是通过物流来实现的，所以在订单中要标明客户的准确信息。订单的主要内容通常包括的内容见表2-6。

表2-6　订单的主要内容

项目	内容
物品名称	该名称必须与网店页面中的名称一致
物品规格	即使同一品名的商品，也有不同的规格，因此订单必须清楚、准确地表明物品的规格，如颜色、号码等
订购数量	详细规定订购货物的数量及单位
单价与总额	一般以人民币表示单价和总额
订单编号	在网上下单的具体编号。每一个订单都有唯一的编号，方便客户的售后查询和检索
支付方式	客户可以自由选择付款方式，如网上已付款、货到付款等，多种支付方式相结合，可供客户进行灵活的选择
物流选择	具体标明所选择的物流公司，并提供物流编号方便客户进行查询
客户信息	客户的家庭详细住址、联系电话（手机、固定电话），便于与客户的沟通交流，可以向客户发送促销信息等

第二节　网络信息的筛选

网络信息的来源渠道是多元化的，不同来源的信息质量可能不一样，因此，对信息来源做出判断是处理信息的基本出发点，也是判断信息价值的一个方面。

网站内部的信息从选题到内容的采集、加工都是由网站自己控制的，因此质量容易得到保证。其内容原创的方式是本网站的编辑队伍对内容进行收集整理以及特约比较有影响力的评论员在自己网站开设专栏，或者建立一个写作群，负责评论栏目。

一、了解用户筛选信息的习惯和方法

要想很好地筛选信息并发布到合适的位置，首先应该了解用户是如何浏览网页的，以及用户是如何筛选他们想要的信息的。

网站内容编辑

（一）用户浏览网页的行为习惯

网页是企业给用户传递信息的直接媒体，网页制作的质量高低影响了用户的反应，网页制作和设计的过程中既应该考虑美观实用，也应该考虑用户浏览网页的习惯。

1. 从页面信息布局看用户浏览网页的习惯

（1）关键部位"左上角"。眼球的第一运动聚焦于网页的左上角，用户浏览网页的这一习惯应该在意料之中，毕竟左上部为主要操作中心这一点已经被大多数重要的计算机应用程序的设计采用。在构建网站、考虑网站设计时，应该尽量保持这一格式。因为，如果希望搭建一个成功的网站，就必须尊重用户的习惯。

下面来看看京东商城的左上部页面是如何设计的（图2-28）。

图 2-28

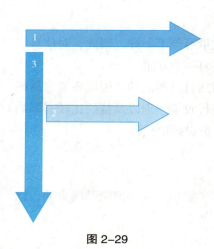

图 2-29

从上图可以看出，上部是目前正在推广的大型活动，然后是 LOGO、搜索栏，而左侧则是多级商品类别，方便顾客搜索，这些正是顾客所关心的大部分内容。

（2）"眼球轨迹"效应。顾客浏览网页时，首先观察网页的左上部和上层部分，之后再往下阅读，浏览右边的内容。

2006 年 4 月，美国长期研究网站可用性的著名网站设计师杰柯柏·尼尔森（Jakob Nielsen）发表了一项题为"眼球轨迹的研究"的报告，报告称，大多数情况下浏览者都不由自主地以"F"形状的模式阅读网页（图2-29），这种基本恒定的阅读习惯决定了网页呈现"F"形的关注热度。浏览者浏览网页一般是按如下步骤进行的：

第一步：水平移动。浏览者首先在网页最上部形成一个水平浏览轨迹。

第二步：目光下移，小范围内水平移动。浏览者会将目光向下移，扫描比上一步短的区域。

第三步：垂直浏览。浏览者完成上两步后，会将目光沿网页左侧垂直扫描，这一步的浏览速度较慢，也较有系统性、条理性。

保证网站内容的重要因素集中于这些关键区域，以此确浏览者的参与。在此放置头条、副题、热点以及重要文章，保证浏览在第一时间看到网站要传达的信息。

下面来看看浏览天猫时重点关注的"F"形区域都是什么内容（图 2-30）。

图 2-30

从图 2-30 可以看出，"眼球轨迹"效应和前面所说的左上角重点部位有相同的地方。在上图的"F"形区域中，有重点促销活动，有横幅 Banner，还有多级产品目录，这些都是网站希望用户关注的内容。

（3）小部分内容是重点。人们大都只浏览网页的小部分内容，如果在用户浏览的时候，提供信息使他们尽快锁定目标，就可以把这一点发展成为自己的优势。突出某些部分或者创建项目列表使网页信息容易找到和阅读。

继续关注"天猫"网站，图 2-31 展示的是在"F"形区域附近的内容，"天猫彩妆周"能够吸引多数电子商务网站浏览者的目光。

（4）简短段落的优势。网页信息是为大多数强调快速浏览的联网用户提供的，除非上下文的衔接要求，保持信息由简短的段落和句式组成，可以方便浏览者快速提取所需信息，如电子商务网站的介绍。

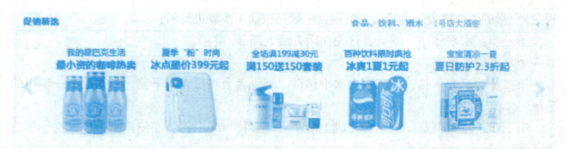

图 2-31

图 2-32 展示的是天猫网站的介绍，精练、简短，表现力强。

图 2-32

（5）简单格式更有表现力。根据视觉锁定，一栏格式比多栏格式拥有更好的表现力。繁杂的格式会扰乱浏览者的目光，虽然多栏格式可能会增加信息量，可是这也容易让过多的信息淹没网站浏览者，不如突出重点选择简单。大多数情况下，简洁更具力量（图 2-33）。

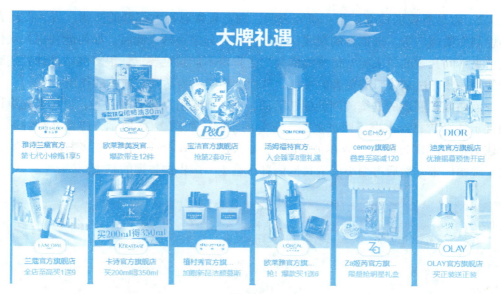

图 2-33

2. 从信息形式看用户浏览网页的习惯

（1）文字比图像更具吸引力。与大多数人所认为的相反，在浏览一个网站的时候，能够直接吸引用户目光的并不是图像。大多数通过偶然点击进入网站的用户，他们是来寻觅信息的而不是图像。因此，保证网站设计凸显出最重要的信息板块，这才是设计的首要原则。

图 2-34 展示的网站中，除了上述所说的"F"形区域外，在右上部位采用了文字叙述的形式表达信息，正是凸显了其重要性。

图 2-34

（2）容易忽视的横幅广告。研究表明，浏览者常忽视大部分的横幅广告，设计者费尽心思制作横幅广告，浏览者的视线往往只停留几分之一秒。此时，如何能利用大众化的模式带来不同凡响的效果呢？传统的横幅广告肯定不能满足要求，很多网站设计者拓展思路，使用一些方法来吸引浏览者的视线，从而让横幅广告达到它应有的作用。

下面两幅图展示的是缤购网的促销活动，为了能吸引浏览者的目光，设计者先设计了大幅展示活动信息，占据了网页上部大部分的空间，如图 2-35 所示，停留几秒钟后，再缩小成为横幅的广告模式，放在页面的顶端，如图 2-36 所示，让浏览者打开网页时，先看见了整幅广告，然后再缩小展示其他信息，避免了广告被忽视的弊端。

图 2-35

图 2-36

（3）花哨的字体和格式要慎用。花哨的字体和格式会被用户认为是广告，并非他们所需要的信息。事实上，研究表明用户很难在充满大量颜色的花哨字体格式里寻找到所需的信息，因为视觉线索告诉他们把这些忽略。保持网站的清爽，不要因为华而不实的表面，让重要的信息被忽略。

在电子商务网站上，特别是商品分类、品牌列表等信息，是用户搜索信息的重要通道，不需要华丽的修饰，保持清晰明了是最关键的。如图 2-37 所示的商品和品牌列表就是很好的例子。

图 2-37

（4）字号大小影响浏览行为。改变人们对网页的看法的主要方法是改变网页字体的大小。大的字体刺激浏览，而小一些的字体则提高焦点阅读量，应根据需要，合理配置两者的比例。

图 2-38 是某化妆品网站中的一部分，对比其他文字，"今日上新"四个字大且颜色醒目，很容易吸引浏览者的目光。

图 2-38

（5）活用副标题。遇到感兴趣的内容，用户仅会多看一眼副标题，所以不要过分坚持副标题固定的格式，可以保证它们的相关性和兴趣。也可以让副标题包含关键词，这样可以有效利用搜索引擎，让它带来用户。图 2-39 框内为该帖子的副标题，它利用赠送体验装的方式吸引用户的视线，"500 份"的数量也必然增加了该帖子的点击量。

图 2-39

（二）用户获取信息的途径

知道了怎样设计网页和布局网页，就知道把重要信息放在什么位置了。下面将探讨用户是如何找到网站的商品、促销等信息的，也就是，研究用户筛选信息的一般方法。

当今社会，人们在日常生活中最离不开的就是网络信息。中国互联网络信息中心（CNNIC）将网络信息定义为互联网上公开发布的网页和在线数据库的总和。美国微软公司总裁比尔·盖茨于 2002 年在美国互联网专业学会年会上发言时称："有效的信息是竞争取得胜利的关键因素。"随着社会信息化程度的不断提高，信息已达到空前丰富的程度，信息已深入人们社会生活的每个角落，当今时代，人们日常生活已经离不开互联网。这其中，人们的商务活动同样离不开电子商务网络信息。如此一来，在互联网电子信息中筛选自己所需要的信息就成为一个急需思考、探索的问题。

用户在互联网上搜索商品相关信息一般分成两种形式：第一，没有固定的购买网站，通过门户网站、搜索引擎、导航网站等进行大面积搜索；第二，有固定的购买网站，这类网站可能是综合性的，也可能是专门性的，通过站内提供的一些途径进行搜索。下面就这两种形式展开介绍。

1. 站外筛选

刚刚进入网上购物的用户一般都采用站外搜索，此时用户还没有固定的购物网站，是锁定用户的最好时机。设计网站时应尽可能多地将网站信息发布到各种渠道中，便于被潜在用户发现。

（1）搜索引擎。搜索引擎是提供给用户进行关键词搜索或分类搜索的工具。简言之，搜索引擎就是一种在互联网上查找信息的工具。用户提出检索要求，搜索引擎代替用户在数据库中进行检索并将检索结果反馈给用户。

按关键词搜索。例如，想要搜索购买鲜花与礼品类的相关信息，打开浏览器，进入百度页面，输入"鲜花和礼品"，单击"百度一下"按钮后，会出现如图 2-40 所示的页面。

图 2-40

在这个搜索结果页面中，不难找到提供网上鲜花礼品销售服务的站点，进入站点，则可以进行进一步的商品选择，如选择第一个链接，则进入花礼网，如图 2-41 所示。

图 2-41

（2）门户浏览。门户网站是指通向某类综合性互联网信息资源并提供有关信息服务的应用系统。门户网站最初提供搜索服务、目录服务，后来由于市场竞争日益激烈，门户网站不得不快速地拓展各种新的业务类型，希望通过门类众多的业务来吸引和留住互联网用户，以至于目前门户网站的业务包罗万象，成为网络世界的"百货商场"或"网络超市"。

门户网站的一个主要盈利方式就是广告，各类电子商务网站争相在知名门户网站做广告，以求得门户网站浏览者通过链接方式了解和认识其网站。图2-42是新浪网的首页，可以看到其页面上部已经包含很多文字或图片的广告链接。

图 2-42

单击导航栏上的"女性"选项，可以进入"新浪女性"页面，这个页面的右侧就是一个广告——ADA ONLINE。单击广告则可以进入相应的广告页面，如图2-43所示。

图 2-43

第二章　网络信息的筛选与归类

在门户网站中，像上面的例子举不胜举，在每一个分类页面中都至少有一个电子商务网站的广告嵌入。用户在浏览门户网站的过程中自然就可以获取相关的信息，进而可以进入相关网站。

（3）购物导航。购物导航网站是电子商务网站发展到一定阶段的产物，该类网站主要将电子商务网站集中、分类展示，让用户可以在该网站中找到想要去的购物网站。

图 2-44、图 2-45 展示的就是购物导航类网站中的两个实例。

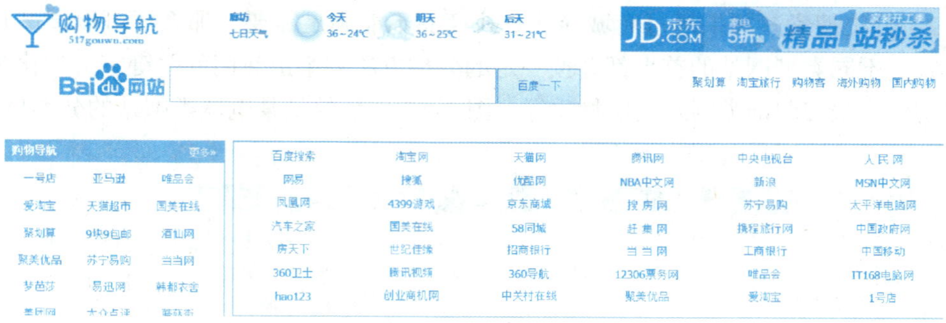

图 2-44

图 2-45

2. 站内筛选

（1）导航搜索。一般的网上商城，都在主页上设置有导航搜索，导航搜索中列出了网站所有的频道，鼠标滑过后有相关的分类，查找相关的类别（图2-46）。

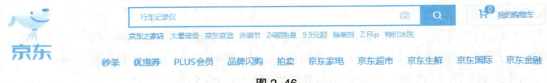

图2-46

（2）分类搜索。如果通过商城导航查找商品不能满足需要，那么还可以试试其他的搜索方式。不同类型网站的首页都会按一定的分类方法列举出热门的关键字，如化妆品网站按照功效、服装服饰类网站按照材质等。图2-47展示的是某电器类网站的分类目录。

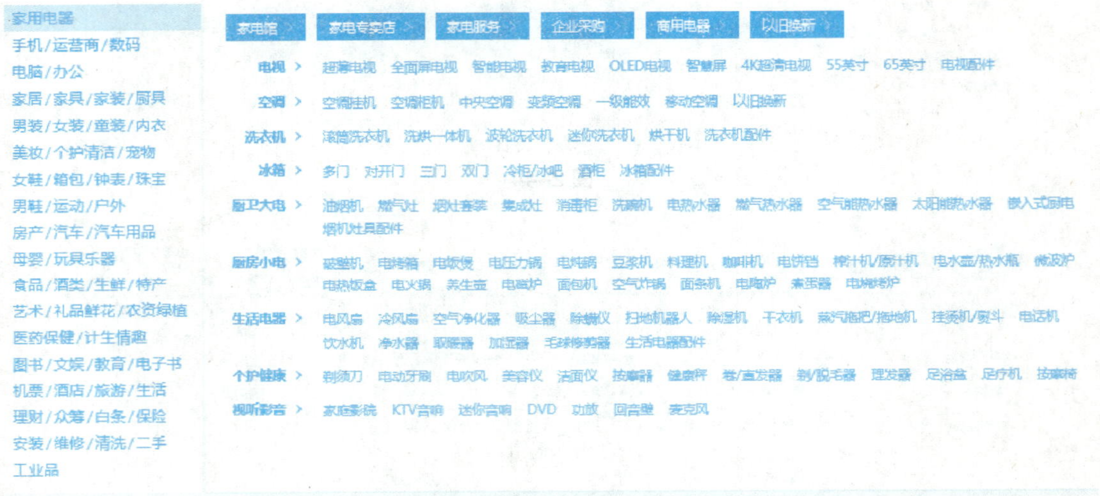

图2-47

（3）关键字搜索。如果觉得以上两种筛选方法比较麻烦，还可以直接进行关键字搜索。基本上所有的电子商务网站都具备站内搜索功能，在主页上可以找到搜索栏，输入商品的关键字，即可以查找相关信息。

例如，在京东商城的搜索栏中输入"三星手机"（图2-48）。

图2-48

搜索的结果如图2-49所示，此种方法也不乏是一种比较便利的方法。应用时关键在于关键字的确定，这对于搜索结果有着直接的作用。

图 2-49

请利用至少三种方法（站内、站外均可）搜索苹果手机的相关信息。

二、筛选发在网站内部的信息

网络信息的来源渠道是多元化的，不同来源的信息质量可能不一样，因此，对信息来源做出判断，是处理信息的基本出发点，也是判断信息价值的一个方面。

网站内部的信息从选题到内容的采集、加工都是由网站自己控制的，因此质量容易得到保证。其内容原创的方式是本网站的编辑队伍对内容进行收集整理以及特约比较有影响力的评论员在自己网站开设专栏，或者建立一个写作群，负责评论栏目。

（一）信息筛选的概念

所谓信息筛选，是指对大量的原始信息以及加工的信息材料进行筛选和判别，从而有效地排除其他不需要的信息，选择所需要的信息。现代信息社会已从提供信息发展到选择信息阶段。

作为网站编辑，面对纷繁复杂的稿件，首先要做的就是对稿件进行基本的筛选与判断，挑选出适合在网络上传播且能满足受众需求的稿件，并分门别类，在不同的栏目中发布。网络信息筛选的意义主要体现在两个方面：一方面要满足网民的信息需求，另一方面也应满足每个网站的定位及个性等需要。

（二）内部信息筛选标准

电子商务网站的构成一般包括主页面、商品详情页面、物流配送说明页面、会员管理页面等，不同的页面所需要包含的内容是不同的，表现形式也是多样的，下面就商城主页和商品详情页面来说一下信息选择的标准。

1. 商城主页

商城主页一般包括如下信息：企业标志 LOGO、横幅广告 BANNER、产品类别目录、产品等。

（1）企业标志 LOGO。LOGO 是徽标或者商标的英文说法，起到对徽标拥有公司的识别和推广的作用，通过形象的 LOGO 可以让消费者记住公司主体和品牌文化。网络中的 LOGO 徽标主要是各个网站用来与其他网站链接的图形标志，代表一个网站或网站的一个板块。LOGO 的规格一般满足以下标准（表 2-7）。

表 2-7 LOGO 的规格

序号	LOGO 规格（像素）	备注
1	88×31	互联网上最普遍的 LOCO 规格
2	120×60	用于一般大小的 LOGO 规格
3	120×90	用于大型的 LOCO 规格
4	200×70	这种规格 LOCO 也已经出现

网站中的 LOGO 有很多表现形式，如圆形标志、三角形标志、汉字标志、数字标志、动物造型、自然造型等。而我们所需要编辑的电子商务网站的 LOGO 一般采用文字（中文、英文）的形式来呈现，有的也加上了以图表示的网站标志（图 2-50、图 2-51）。

图 2-50

图 2-51

（2）横幅广告 Banner。横幅广告是互联网广告中最基本的广告形式，尺寸是 468×60 像素或 233×30 像素，一般使用 GIF 格式的图像文件，可以使用静态图形，也可用多帧图像拼接为动画图像。除普通 GIF 格式外，新兴的 Rich Media Banner（丰富媒体 Banner）能赋予 Banner 更强的表现力和交互内容，但一般需要用户使用的浏览器插件支持（Plug-in）。

Intemet Advertising Bureau（IAB，国际广告局）的标准和管理委员会联合 Coalitionfor Advertising Supported Information and Entertainment（CASIE，广告支持信息和娱乐联合会）推出了一系列网络广告宣传物的标准尺寸。这些尺寸作为建议提供给广告生产者和消费者，使大家都能接受。现在网站上的广告几乎都遵循 IAC/CASIE 标准。

2001 年公布的标准中规定 Banner 大致可以使用如下尺寸（表 2-8）。

表 2-8　Banner 的尺寸

尺寸（像素）	类型
120×600	"摩天大楼"形
160×600	宽"摩天大楼"形
180×150	长方形
300×250	中级长方形
336×280	大长方形
240×400	竖长方形
250×250	"正方形弹出式"广告

现在随着大屏幕的显示器出现，Banner 的表现尺寸越来越大，760×70 像素、1000×70 像素的大尺寸 Banner 也悄然出现。

（3）产品类别目录。产品目录一般放置于网站主页，用于方便用户根据类别查找需要的产品。产品目录一般分为两种类型。

①分类目录。综合型电子商务网站一般使用分类目录。因为综合型电子商务网站销售的产品种类繁多，很难简单将目录体现在主页有限的空间内，于是采用分类的形式，这种目录一般带有一级或多级子目录。

②功能目录。如果网站的销售主要是一类商品（如化妆品、服装、鞋等），那么可以根据产品的功能或用户来设置目录（图 2-52、图 2-53）。

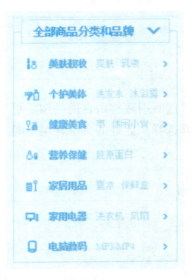

图 2-52

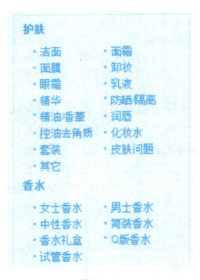

图 2-53

除此之外，还可以有其他设置产品目录的方法。随着电子商务的不断发展，各种新类型也不断出现（图2-54展示的是按品牌设定的目录）。

图2-54

（4）产品。电子商务网站主页中展示的产品毕竟是销售产品的一小部分，所以多数情况选择展示的是新品、特价品、热卖品、专卖品等。不管是什么类型的产品，放在主页上都是为了更好地吸引顾客的注意力，提高销售量。

在主页上展示产品的形式有两种：

①图片形式。图片是展示产品最好的方式，当今的电子商务网站已经很成熟，多数采用滚动图片，或者动画的形式在有限的空间展示更多的产品。

从图2-55可以看出，该网站采用5图滚动的形式，在主页上展示25个主要宣传产品。

图2-55

②文字链接形式。主页上的空间是有限的，如何才能吸引顾客留在网站浏览更多的产品呢？可以采用文字链接的形式，打开新页面，使顾客选择。此处的文字在编写时应注意以下原则（表2-9）。

表2-9　文字编写的原则

序号	原则
1	文字少而精，9~15字为宜
2	通常须句型完整、通顺
3	有吸引力，关键字突出

图 2-56 展示的是某商城网站主页上的文字链接。

2. 商品详情页面

商品详情页的作用是让顾客了解产品。商品详情页编辑得好坏直接影响顾客是否会购买该产品,所以商品详情页编辑的过程中应着重考虑顾客想要什么样的产品(图 2-57)。

图 2-56

图 2-57

商品详情页一般包括以下几方面内容:

(1)主图。主图是商品在商品列表里呈现的图片,也就是给顾客第一印象的图片。高质量的主图可以提高被顾客发现的概率,影响顾客的购买决策。主图一般都是商品的正面照片,需体现商品的完整效果。什么样的主图才算是好的呢?一般要满足如下要求:①色彩纯正,光线良好,无偏色和曝光问题;②构图合理,突出主题;③尺寸大小合适,节约空间,加载速度快;④必要时可以用相关软件进行修正。

图 2-58 展示的两幅图,很容易就可以分出哪一幅更适合当作主图。

选择图片的标准见表 2-10。

表 2-10 图片选择的标准

项目	标准
图片尺寸	宽 × 高 <480×600 像素
图片格式	尽量不要超过 80KB
图片来源	真实拍摄(非真实拍摄注意版权问题)
图片大小	JPG/GIF 格式

(2)辅图。辅图的作用是辅助主图,更有效地展示产品的细节。辅图可以分为商品细节图和对比细节图两类。此处的图片标准同主图一致,不过辅图的呈现类型更为生动活

泼一些，比如可选择不同图片的形状，可以添加说明文字、促销信息等内容。

①商品细节图。一般采用实拍商品的形式，展示商品最优的一面给顾客，突出商品的做工、材质以及其他有特色的地方（图2-59）。

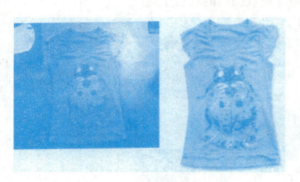

图2-58

图2-59

②对比细节图。对比细节图是指商品在不同状态时的图片展示，如弹力拉伸试验的对比图等，目的在于通过对比试验更加突出宝贝的优势（图2-60）。

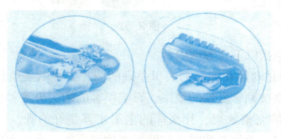

图2-60

③文字说明。商品详情页上的文字说明内容很广泛，理论上说，凡是与商品相关的文字信息都可以罗列，但是繁杂的文字会影响顾客选择商品的耐心，所以此部分信息在罗列上也要有一定的选择标准。商品的文字说明一般可以包括如下内容（表2-11）。

表2-11　商品文字说明的内容

内容	说明
产品名称	利用关键字准确地概括商品
产品价格	一般采用市场价与店铺价对比的形式
基本信息	材质、尺寸、使用方法、提示信息等
品牌说明	理念、品牌介绍等
促销信息	单品活动、组合促销、新品上架等
产品评价	已购买者的评价文字及分数

图 2-61 展示的是产品名称和价格，图 2-62 展示的是商品基本信息，图 2-63 展示的是品牌介绍，图 2-64 展示的是组合促销，图 2-65 展示的是已购买用户的评价。

图 2-61　　　　　　　　　　　　图 2-62

图 2-63

图 2-64

很快收到，还没吃，好会再买。

北***路（匿名）

05.18

非常好吃

—***6（匿名）

2019.09.28

很好吃，家人都喜欢。甜咸适口，香脆尤佳，满意5分

s***g·（匿名）

2019.04.18

味道咸甜适口，萝卜干稍稍带一点辣，脆脆的，开胃，配馒头、稀饭非常好。小袋包装方便卫生。钱江是老牌子，冲牌子买的，果然没有让我失望，以后小菜就从这家买了。

—***巴（匿名）

图 2-65

三、筛选发布在网站外部的信息

网站内容编辑得好是为了更好地进行电子商务活动。而只靠网站内部信息，能够传播的范围太有限了，为了更好地推广网站，下一步要考虑利用外部渠道发布信息。

（一）网站外部信息

网站外部信息，可以简单地理解为在企业网站外部发布的和企业相关的信息，包括企业的介绍、企业的宣传内容、企业与客户的沟通等。其主要功能是辅助企业网站快速扩大其知名度和影响力。

在企业网站外部发布信息的方式我们称之为网站外部渠道。利用网站外部渠道发布信息的最终目的是让更多的客户知道你的网站在什么位置；让尽可能多的潜在客户了解并访问网站，从而利用网站实现向客户传递营销信息的目的。客户通过网站获得有关产品和公司的信息，为最终形成购买决策提供支持。

下面首先看一下哪些信息可以发布在外部渠道。

（1）网站主页信息。网站主页也称首页，是网站的入口，即进入网站首先看到的页面。通常可以将网站的中文名称或者是地址作为外部信息通过各种渠道发布出去，吸引客户点击进入。

网站主页是一张完整的网页页面，一般发布这类信息时，多数采用链接的形式，如将链接添加到搜索引擎，或者和相关网站建立友情链接的形式来呈现。具体的表现形式上，可以使用文字，也可以使用图片。

图 2-66 为网站"好乐买"在搜索引擎发布的链接地址。

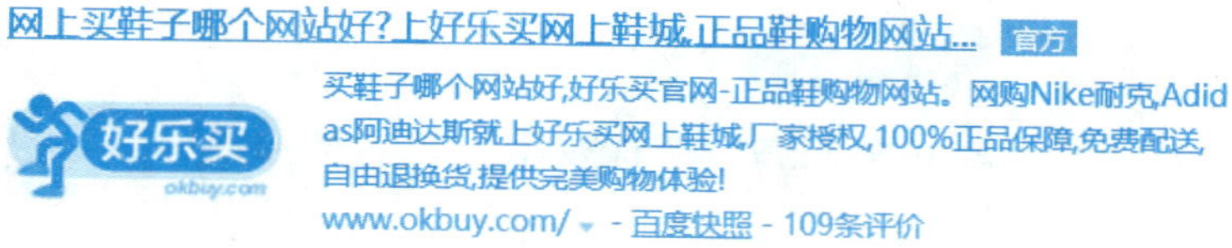

图 2-66

图 2-67 为网站"钻石小鸟"中的友情链接页面。

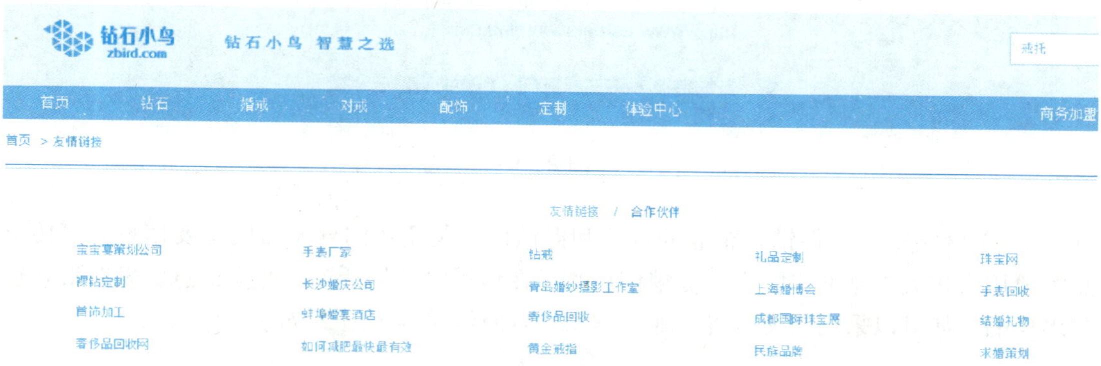

图 2-67

图 2-68 为 99 结婚网上的友情链接。

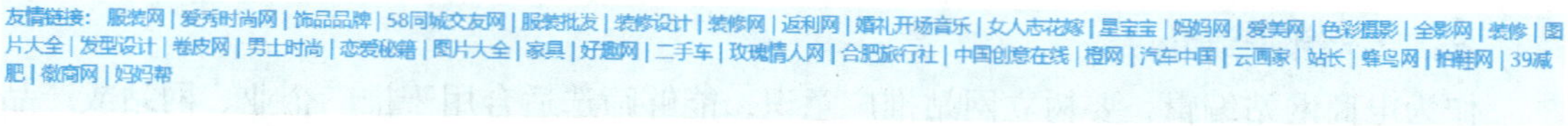

图 2-68

（2）网站介绍信息。大多数企业网站都会有单独的页面进行企业介绍，内容一般包括企业的概况、企业的文化、经营的理念、经营品牌的介绍以及主要业务和服务的介绍。

网站介绍可以采用搜索引擎链接的方式发布，也可以采用微博、社交网站等渠道发布。

图 2-69 为大众点评网介绍页面在搜索引擎上的链接。

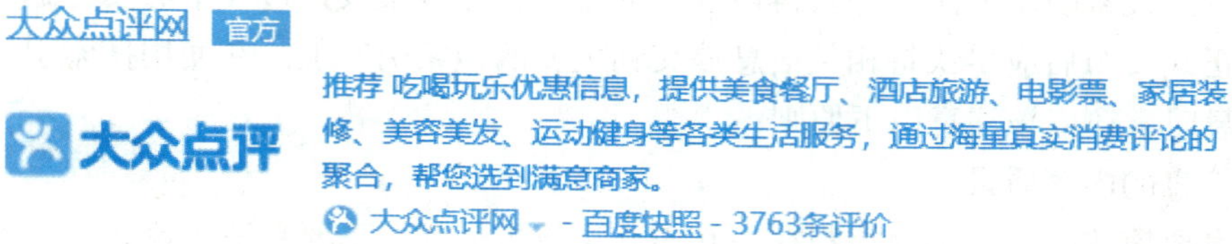

图 2-69

图 2-70 为雅诗兰黛在新浪微博上的介绍。

图 2-70

（3）网站宣传和促销。企业的宣传和促销信息是企业向外发布的主要信息。宣传信息主要用来扩大网站的影响力，促销信息则是在传播网站的活动。此类信息的发布形式也是多样的，如可以采用图文广告、邮件群发、微博传递等（图 2-71）。

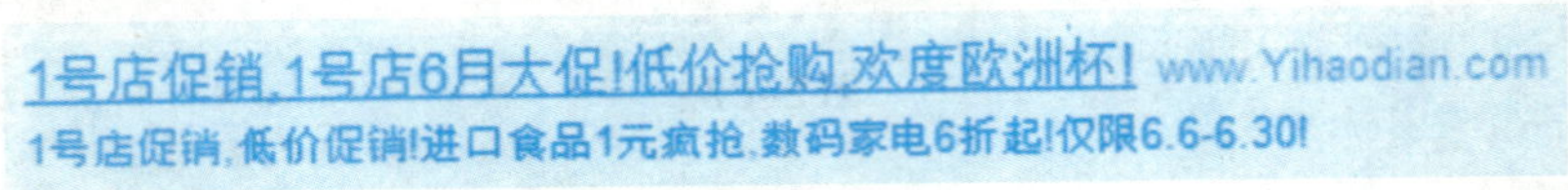

图 2-71

（二）外部渠道介绍

作为电商网站编辑，要树立网站推广意识，能够筛选适合用于推广企业、网站或产品的相关信息，进行再编辑，发布到第三方平台或其他网络渠道上。一般情况下，企业通过一种或多种渠道实现网站推广目标。在互联网上信息发布的外部渠道主要有以下六种：

（1）在搜索引擎上发布。搜索引擎是网站建设中针对"用户使用网站的便利性"所提供的必要功能，同时也是"研究网站用户行为的一个有效工具"。高效的站内检索可以让用户快速准确地找到目标信息，从而更有效地促进产品/服务的销售，而且通过对网站访问者搜索行为的深度分析，对于进一步制定更为有效的网络营销策略具有重要价值。

在主要的搜索引擎上注册并获得最理想的排名，是网站设计过程中需要考虑的问题之一，网站正式发布后应尽快将相关信息提交到主要的搜索引擎上。在使用搜索引擎这种渠道发布信息时，还应该注意以下原则：

推广信息的内容质量：
①信息要简洁明了，字数控制在 100~500 字效果最好，不要长篇大论。
②排版整洁，结构清晰，具有良好的可阅读性。
③重点提及要宣传的产品或服务的优势和特色。

真实准确的联系方式：网址打不开、电话打不通、地址不详细都可能增加客户的疑虑，因此注册用户时一定要详细填写所有联系资料。详细的联系方式让信息的可信度大大加强。

提高信息的原创率：各大搜索引擎会优先收录原创性信息，并能获得很好的排名，一味地粘贴复制雷同的信息只能淹没在信息的海洋里。

充分利用图片资源：在信息中插入一张或几张相关图片让信息更有说服力和视觉冲击力，同时也加深客户对产品的印象。

图 2-72 是在百度上搜索"凡客"的结果页面。

图 2-72

图 2-73 是在百度上搜索"京东商城"的结果页面。

图 2-73

（2）通过外部网站链接发布。网站链接相对于搜索引擎来讲，能够更迅速、更有效地吸引访问者，扩大影响力，网站链接有多种模式可供选择使用。

①行业链接。所谓行业链接，就是在本行业比较具有权威性的网站添加链接。通常每一行业都会有一个或几个访问量比较大的权威性网站。通过在这样的网站上加入链接，能够比较准确地圈定访问者，提高网站利用率。此时应注意"权威性"。互联网上的网站鱼龙混杂，挑选行业网站时应着重检查认证，即是否被相关部门认证为权威网站，再决定是否在上面添加链接。

图 2-74 为中国珠宝玉石首饰行业协会网站，图 2-75 是网站会员单位。

图 2-74

老庙黄金　　　　亚一珠宝　　　　千叶珠宝　　　　瑞恩钻饰　　　　粤豪珠宝

图 2-75

②友情链接。友情链接是具有一定互补优势的网站之间的简单合作形式，即分别在自己的网站上放置对方网站的 LOGO 或网站名称，并设置对方网站的超链接，使得用户可以从合作网站中发现自己的网站，达到互相推广的目的。

友情链接既可以吸引潜在用户的访问，又间接地丰富了网站的内容，且无额外花费，因此是互联网上广为采用的推广手段。

友情链接的作用主要体现在：

a. 获得访问量；

b. 增加用户浏览时的印象；

c. 在搜索引擎排名中增加优势；

d. 通过合作网站的推荐增加访问者的可信度。

建立友情链接时需要遵循的原则有如下几个（表 2-12）。

表 2-12　建立友情链接的原则

内容	原则
杜绝链接无关的网站	要慎重选择链接对象，大量无关的或低水平网站的链接会降低访问者对你的信任，严重影响网站的声誉
建立友情链接尽量使用文字形式	使用分别来自不同网站的图片链接会影响自己网站的整体效果和下载速度
回访友情链接伙伴的网站	建立友情链接后，要回访友情链接伙伴的网站，检查对方网站是否正常运行、自己的网站是否被取消或出现错误链接等
避免出现错误的或无效的链接	因为友情链接通常出现在网站的首页上，错误或者无效的链接对自己网站的质量有很大的负面影响
使用打开新窗口链接	这种方法有助于用户在跳转到新的网站之后，还可以回到原来的网站

图 2-76 是窝窝团主页上的一部分内容，其中最右侧链接中含有"商家入驻"，即友情链接。

图 2-76

图 2-77 展示的是在上图中单击"商家入驻"选项后所打开的页面。

③有偿广告。在线营销的一个非常重要的工作就是在互联网上建立尽可能多的指向我们页面的链接。这类链接越多，访问量就会越大。但是，什么类型的访问对我们才真正有意义呢？那就是目标客户或潜在客户，他们的访问才是我们努力的追求，才是我们所说的有意义的访问。

网络广告的意义在于：第一，在网络中树立企业的形象和塑造网络品牌；第二，吸引目标客户点击进入网站的制定页面，进而使目标客户进入站点的营销页面并下订单，形成站点的销售。

根据自身网站的推广对象筛选若干热门网站放置自己的广告，可以提高网站的访问率。

图 2-78 为广汽在新浪网首页做的广告。

图 2-78

采用广告的形式开展网站推广，应注意三个问题：锁定目标受众、做好广告文案、实时效果监控。具体的可从以下几方面看：

a. 了解广告面向的顾客。知道广告面对的是什么顾客，才能因地制宜地在适合的网站发表广告。

举例来说，如果某老年用品要发表广告，而广告发布在适合年轻人的网站上，其效果可想而知。这就是对媒体的选择要看广告主的广告目的、策略，选择对口的媒体。如果选择恰当，可以收到事半功倍的效果。

如图 2-79 为酷派手机在某通信公司网站上的广告。

b. 选择收费相对低廉的网站。控制成本是一切营销的基础。当然，投入与所得收益也是成正比的，关键要看广告主要达到的目的。

c. 寻找免费的机会。免费的广告是有的，但是广告商给你免费的目的是要你在他的网站上面投入更多的广告。

d. 模糊用语的作用。有的产品广告的目的在于获取更多的点击率，那么模糊广告用语是很有用的，它可以吸引很大一部分受众。

例如，某公司曾做了一个 Banner 广告，内容为"免 15 天费用"，白底黑字，很简单，但做得很漂亮，其点击率达到了 3.1% 以上（图 2-80）。

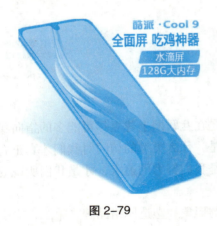

图 2-79　　　　　　　　　　　　　　图 2-80

（3）电子邮件。电子邮件也称 E-mail，是互联网上应用频繁的业务之一。应用电子邮件，可以及时与顾客进行联系，也可以定期将网站的新信息发布给顾客。利用电子邮件推广网站的主要方法是在网站上添加邮件列表功能。每一个访问你的网站、对你提供的信息感兴趣的顾客，在加入该邮件列表后，就可以收到你定期或不定期发送的相关信息。

图 2-81 展示的是阳光集团给注册客户发送的促销邮件。

电子邮件虽然是一种公认的高效廉价的网上推广手段，但是如果不了解 E-mail 推广的规则，往往会得到事与愿违的结果，甚至遭到收件人的强烈抗议，将其作为垃圾邮件处理，严重的还会引起法律纠纷。因此，在利用电子邮件进行网络信息发布时需要遵循以下原则：

①争取得到客户许可。在电子邮件推广的过程中要争取使客户主动订阅电子邮件，进行许可营销。在利用邮件发送信息时要允许客户退订并提供简单方便的操作，可以结合传统营销的方式与客户联系，提高客户的信任度。

②明确邮件的主题。电子邮件的主题是收件人最早可以看到的信息，邮件内容是否能引人注意，主题起着相当重要的作用。邮件主题应重点突出、引人注意，以便收件人决定是否继续阅读邮件内容。

③邮件内容要简洁。邮件目的明确，语言简练通顺，注意文明礼貌，结构合理，尽量不带附件和过多的图片。如果需要，可以给出一个关于详细内容的链接，收件人如果有兴趣，会主动点击你链接的内容。

④发送邮件的频率要适当。发送邮件的频率不要过于频繁，同样的内容不要重复发送，一般每周不超过一次。

图 2-81

图 2-82 是来自倩碧官网的邮件推广，我们可以看到详细内容的链接。

图 2-82

在这封邮件的最后，可以看到"点击退订"链接，如图 2-83 所示。

（4）网络社区。网络社区是指包括BBS/论坛、贴吧、公告栏、群组讨论、在线聊天、交友、个人空间、无线增值服务等形式在内的网上交流空间，同一主题的网络社区集中了具有共同兴趣的顾客。

图 2-83

网络社区主要通过把具有共同兴趣的访问者集中到一个虚拟空间达到相互沟通的目的。网络社区不仅具备交流的功能，实际上也成为一种营销场所。这种场所不仅能发布网站的消息，还能够作为一种平台与顾客联系。

图 2-84 展示的是 55BBS 论坛上注册用户为"全城热恋"做的宣传。

图 2-84

网络社区宣传虽然花费精力，但是效果非常好。网络社区宣传要选择自己潜在客户所在的网络社区，或者人气比较好的网络社区。网络社区宣传应注意以下几个原则：

①不要直接发广告。这样的帖子很容易被当作广告帖而被删除。

②用好头像、签名。头像可以专门设计一个，宣传自己的品牌，签名可以加入自己网站的介绍和链接。

③坚持质量第一的原则。社区宣传不在乎发帖的数量多少，发的地方多少，而在于帖子的质量。因为发得多，但总体流量不多，也是毫无意义的。我们发帖，关键是为了让更多的人看，宣传自己的网站，所以追求的是最终流量。因此高质量的帖子，就可以花费较少的精力，获得较好的效果。

④适当"托"一把。在论坛上，有时候为了帖子的气氛、人气也可以适当地找个"捧

场人"，也可以自己注册两个账号演一把。

图 2-85 是某论坛上团购网站进行的宣传。

图 2-85

（5）微博。微博是一种通过关注机制分享简短信息的广播式的社交网络平台。随着微博的火热，每一个人或企业都可以在新浪、网易等提供微博平台的网站注册一个微博，然后利用更新自己的微型博客，每天更新信息来和大家交流，或者发布大家所感兴趣的话题，这样就可以达到传播网站信息的目的。

微博推广可以归纳为三个步骤：

①明确并找到目标粉丝。可以通过寻找标签、微群等方式实现。

②吸引目标粉丝关注你。根据目标粉丝喜好撰写稿件和组织活动。

③潜移默化地把企业信息传递给粉丝。

微博推广的注意事项见表 2-13。

表 2-13 微博推广的注意事项

内容	注意事项
关键是人气	也就是明确粉丝，聚集粉丝
不是广告发布器	注意与粉丝的感情互动，而不仅仅是发布广告
不要只记流水账	也可以像普通用户一样转帖一些话题，与粉丝互动
尊重用户	遇到问题，不与粉丝争辩，把问题尽量化小，尽可能地让粉丝满意
对产品与品牌进行监控	通过微博的链接，监控用户点击量和购买量
全员上阵	可采用多个员工同时利用微博渠道的方式
引发别人在微博中讨论	讨论得多，微博转发得就多，看到的人就多
适度结合热点	通过热点话题吸引更多的粉丝加入
善用图片	微博以微小而得名，图片选择要少而精
经常回馈粉丝	采用转发有奖活动的方式吸引更多粉丝加入，同时加大促销信息的转发量

图 2-86 为窝窝团广州站在新浪微博上做的推广。

图 2-86

（6）特殊手段。特殊手段推广即在网站上开展如积分、推荐好友、有奖调查、在线游戏等活动。开展这类活动时，应注意以下两点：

①活动的规范性。做活动要及时公布活动流程，定期公布活动进行情况，按照活动最初制定的规则，按时公布获奖名单，保证真实性。

②活动类别要丰富。很多网站喜欢开展抽奖活动，但抽奖活动中受益的毕竟是少数顾客。如果网站总是开展这类活动，参与的顾客可能会越来越少，所以网站开展宣传时，应采用多种类型的活动，如推荐好友注册，就可以 100% 地保证会员得到受益等。

图 2-87 为某网站开展每天签到送积分及购物券活动。

图 2-87

图 2-88 是某团购网站的推荐好友界面，推荐好友可获得一定的优惠。

图 2-88

想一想

利用微博发布外部信息时的主要步骤有哪些？

（三）外部渠道选择依据

1. 根据内容选择

（1）整张页面。如果想要将网站中的某一页（如主页、网站介绍页面等）的内容发布到外部渠道中，一般选择发布链接的方式，可以选用上述介绍的将页面发布到搜索引擎上的方式，也可以采用外部网站链接的形式，简单的可以采用文字链接，复杂的可采用图片链接。用户可以点击链接地址访问指定页面。

（2）宣传促销信息。宣传促销信息有时候是不需要整个页面的，有时用几句文字，或者用一张图，就可以将所表达的内容传递给用户，此时可以使用电子邮件、微博等渠道传达，简单而易编辑。

2. 根据更新速度选择

（1）需要及时更新的。例如，企业的动态、活动或者促销活动，都是根据市场变化，随时更新的，这类信息要以最快的速度吸引用户眼球，就要采用简单、更新快的方式，此时，微博、社交网络等能及时发布的渠道是最适合不过的了。

（2）可以短期保留的。例如，企业的介绍这类信息在一定时间内是不会有变化的，一旦编辑好，选择好渠道发布即可。这类信息可以采用行业链接、搜索引擎等方式。

3. 根据企业运营阶段选择

（1）起步期。企业起步期最重要的工作就是宣传，要尽可能地利用一切渠道去传播信息，占有市场，吸引客户的注意力。此时，在条件允许下，可以采用上述介绍的各种渠道去发布信息，以达到最好的效果。

（2）稳定期。企业进入稳定期后，有固定的客户群体，此时，发布的信息应着重在

定期的促销活动上。对于老客户，可以采用邮件列表发布、微博发布吸引粉丝关注的形式；而对于新客户，仍不能放松企业的宣传，可继续采用门户广告、加入搜索引擎等方式。

第三节　网络信息的归类

一、动态网络信息的整理归类

（一）使用网站动态数据监控平台

通过网站动态数据监控能够监控网站用户是如何找到和浏览网站的，在网站上做了些什么，有了这些信息，可以帮助网站改善访客在网站上的使用体验，不断提升网站的投资回报率。对有关数据进行统计、整理、分类、分析，以便了解网站当前的访问效果和访问用户行为，发现当前网络营销活动中存在的问题，并为进一步修正或重新制定网络营销策略提供依据。

例如，百度统计是最大的中文网站分析平台，通过对目标网站进行网站动态数据时时监控，科学、精准地分析网站的推广效果，为营销决策掌握第一手最真实、最新的数据。如图2-89所示。

图2-89

（二）安装网站动态数据监控软件

目前比较常用的网站动态数据监控平台有 CNZZ 数据专家、百度统计等，监测软件有量子恒道网站统计、SiteFlow 电子商务数据分析等。

我们以百度统计为例介绍网站动态数据监控软件的使用。

1. 免费开通

登录百度推广百度统计频道，进行后台登录，申请免费注册使用，开通后将获得添加目标网站的完整域名，单击代码获取选项，如图 2-90 所示。

图 2-90

2. 安装代码

将获取的代码填在目标网站源代码的指定位置。

3. 安装后，检查代码安装情况

安装后，需要进行网页全面自动检查，进行具体设置。半个小时后，如果目标网站的统一资源定位格式（Uniform Resource Locator，URL）地址完整地出现在"代码安装正确"一栏，才算安装正确。

（三）网站动态数据监控整理分类内容

监控平台将根据网站动态数据的性质直接整理分类为访问数量指标、访问质量指标。

（四）读报告

监控平台会按照动态网络信息的内容从不同的维度进行检测结果展示，便于网站内容编辑师进一步分析。

（五）看报告

监测报告的内容可以自定义设置，网站内容编辑师可以根据网络营销目标确定监测的时间、监测指标、监测时期、监测地域等不同选项。

二、静态网络信息的整理归类

（一）依据关键词分类

关键词特指单个媒体在制作使用索引时用到的词汇。关键词搜索是网络搜索索引主要的方式之一。在信息整理的过程中，采用关键词作为分类的标准有助于信息分析人员检索数据，也便于将同一个热点问题进行归类。

1. 找出信息中多次出现的词

在网上超市购物体验调查中，消费者关心的"订单易操作"字样如果多次出现在不同的收集信息中，可以把这样的信息内容按照关键字"订单易操作"进行"界面操作使用要求"归类。

在大连迪迪儿童摄影私家会馆的本次静态网络信息调查中，出现了有关"拒绝任何隐形消费""支持原创""坚持原创，拒绝买片"等类似字样的消费者对于摄影底片的需求。网站内容编辑师将这些带有"原创""拒绝买片"等关键字的信息整理归类在一起，并从这些数据中发现了90%以上的消费者不愿意套用模板进行拍摄，并由此提出了家庭自创摄影模板的网络互动平台，取得了意想不到的营销效果。

2. 注意信息的标题名、摘要、层次标题和正文的重要性

可以从各种新闻、文章、数据信息的标题名、文章摘要、不同层次标题、正文内容中找出关键字。例如，如果在收集的不同信息内容的文章标题、文章摘要、次标题等中出现"夏季折扣""夏季清仓""夏季大降价""夏季最后一跳"等字样，这些信息可以按照关键字归到"折扣信息"类别中。

（二）按信息属性分类

依据信息属性的内容、地域、信息形式、时效性、受众人群、来源渠道、重要性分类，如图 2-91 所示。

例如，大连迪迪儿童摄影私家会馆在调查中把竞争对手的网站风格按照地区进行分类，发现南方、北方地区的儿童摄影风格迥然不同，在优化原有网站摄影风格的基础上，借鉴了南方地区一些摄影作品的自然派系做法，对拍摄地增加了地中海等风格装修，深受北方消费者欢迎。

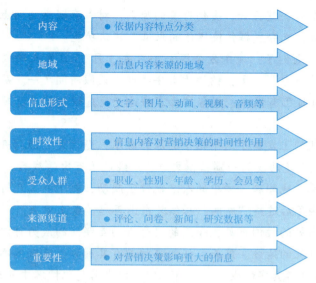

图 2-91

知识回顾

本章介绍了商城信息的特点和作用,学生了解了采集商城网站信息的方法,学会了采集信息外围设备的初步使用方法,在了解相关行业规范的基础上,能够根据网店销售商品的特点,确定所开设商城网站的风格与定位,合理使用筛选方法,选择信息并发布于网站。

通过本章的学习,学生能够根据实际工作的需要,运用多种商品信息采集方法收集信息,再根据相关规范筛选出网站的信息,并根据用户习惯,有效设计筛选方法,达到网站推广宣传的目的。

课后练习

1. 网络信息采集的方法有哪些?
2. 企业内部采集信息可以选择哪些方式?
3. 企业信息筛选的标准有哪些?
4. 网络信息归类的方法有哪些?

拓展阅读

网络信息去芜存菁

由于网上信息庞杂,真假难辨,很可能出现假的或片面的新闻。传统媒体记者从网上

网站内容编辑

获取新闻线索必须本着去芜存菁、去伪存真的原则，对心存疑惑的网上信息追索其信息来源，多问几个为什么，充分发挥传统媒体的求证、确认功能。

我们来看这样一则例子：《东方今报》2008年3月25日发表的《北京房地产商协会会长赞成炸掉故宫盖住宅》一文，被评为当年年度十大假新闻之一。原来，《信息时报》早在2006年5月30日已有报道，揭露"北京房地产商建议炸掉故宫改为建筑用地"是假新闻。

当时该报记者从网上发现了这个帖子的原始版本，题目是"阻碍开发建设，专家建议炸故宫"。本来，这只是网友的一篇杜撰文章，但经过千百次转载后，发帖人的"编首语"说明已经被人有意无意地删除，文中的人名也做了改动，剩下一篇几可乱真的"新闻"。而且更发噱的是，两年后这条"新闻"居然又东山再起、卷土重来。

由这则假新闻出笼的案例可见，今天的记者借助互联网的威力可以将新闻的触角无限地伸展到任何遥不可及的地方。然而，任何事物都有其利弊，互联网亦然。面对网络浩瀚的信息海洋，谁能保证其真实的成分究竟有几何？记者若想以博客中的内容作为报道依据，无异于竹篮打水。近年来频频出笼的假新闻就是必然的结局。结论是，想要让虚拟的根茎结出现实的果实，要么是痴人说梦，要么是智商为零。

网络传播方式的匿名性、交互性和开放性也带来一些负面效应：一方面使网民在虚拟世界里无所顾忌地自由表达个人意见和意愿；另一方面这种自由也随之被滥用，一些人在网上制造假新闻、散布不良言论，宣扬暴力、色情、迷信，更有甚者，通过网络散布谣言，攻击谩骂他人，给社会制造混乱。与此同时，强大的网络搜索引擎一旦被滥用为"人肉搜索引擎"，就发展为网络暴力，危及个人隐私。网上不受制约地对隐私的侵犯、私设公堂式的道德审判、侮辱性的恶搞，破坏了网络道德和伦理的准则，把网络舆论引向歧途。传统媒体如果不做鉴别、筛选，跟风操作，导致的后果就是媒体公信力下降。

商城网站内容编辑

【知识目标】

1. 了解商城网站首页的内容组成及编辑规范。
2. 了解商品属性的编辑内容和方法。
3. 了解商品图片效果的编辑内容和方法。
4. 了解商品文字描述的编辑内容和方法。

【技能目标】

1. 能根据企业需求，调整商城网站布局。
2. 能根据产品详情页的规范，使用恰当的工具进行商城网站内容的编辑。
3. 能撰写具有推广意识的资讯或软文。

【知识导图】

案例导入

京东商城

如图 3-1 所示，为京东商城分类目录。

图 3-1

分析：分类目录作为副导航，它一般都位于页面左上部的焦点位置，从这个入口，通过各种分类链接我们可以找到几乎所有需要的商品。

结论：常规分类目录导航浏览操作步骤多，需要多层级访问，页面中酌情加入一些导购标签链接，如图 3-2 所示：提供热门商品的直接入口，减少用户操作步骤，缩短访问层级，提高搜索效率。

图 3-2

第一节 首页信息编辑

一、LOGO 编辑

（一）LOGO 的概念

LOGO 是英文 logotype 的简写，意思是徽标、标志或者商标。LOGO 是人们在长期的生活和实践中形成的一种视觉化的信息表达方式，具有一定含义并能够使人理解的视觉图形。其具有简洁、明确、一目了然的视觉传递效果。

（二）网站中的LOGO

在网站设计中，LOGO常常作为公司或站点的标识出现，起着非常重要的作用。一个制作精良的LOGO不仅可以很好地树立公司形象，还可以传达丰富的产品信息。通过调查我们发现，一个网站首页美观与否往往是初次来访的用户决定是否进行深入浏览的标准，而LOGO作为首先印入用户眼帘的具体形象，其重要性可见一斑。

（三）LOGO表现形式的分类

1. 具象图形表现形式

具象图形表现形式使用圆形、方形、三角形、多边形等标志图形（图3-3、图3-4）。

图3-3

图3-4

2. 文字表现形式

文字表现形式使用汉字、拉丁字母、数字等标志图形（图3-5、图3-6）。

图3-5

图3-6

3. 抽象图形表现形式

抽象图形表现形式使用人体、动物、植物、器物、自然等标志图形（图3-7、图3-8）。

图3-7

图3-8

（四）LOGO的设计流程

工具：Photoshop。

步骤一：字体设计。

以网站名字为 LOGO 设计原型，通过对字体的设计，达到客户对标志的诉求，如图 3-9 所示。

图 3-9

步骤二：字母设计。

以网站名字中的某个字母进行处理，通常对首字母进行设计，或是以缩写字母为原型，如图 3-10 所示。

图 3-10

步骤三：象征设计。

通过适合网站的性质、方向等象征型手法设计，非常具有亲和力，如图 3-11 所示。

图 3-11

步骤四：抽象符号。

通过抽象的符号、几何图形等组合来设计 LOGO，通常该类标志比较理性和严谨，如图 3-12 所示。

图 3-12

知识链接

LOGO 设计中的中文字体设计的十种方法：

（1）象征法——将字体的笔画进行象征性演变的形式。

（2）柔美法——结合字体特征，运用波浪或卷曲的线条来表现的形式。

（3）刚直法——用直线形的笔画来组成字体的形式。

（4）印章法——以中国传统印章为底纹或元素的形式。

（5）书法法——把中国书法融入字体设计中的形式。

（6）连接法——结合字体特征将笔画相连接的形式。

（7）简化法——根据字体特点，利用视觉错觉合理地简化字体部分笔画的形式。

（8）附加法——在字体外添加配合表现标识的图形的形式。

（9）底图法——将字体镶嵌于色块或图案中的形式。

（10）综合元素——综合使用各种风格来修饰标志的形式。

（五）网站中 LOGO 设计的要求

网站 LOGO 的设计与传统设计有着很多的相通之处，但由于网络本身的限制以及浏览习惯的不同，它还带有许多与之相异的特点。例如，网站 LOGO 一般要求简单醒目，在少量的方寸之地，除了表达出一定的形象与信息外，还应兼顾美观与协调。在网络中，文字可以被直接搜索，为了方便记忆，大多使用网站名称作为主要部分。

案例 3-1

京东商城，是一个全方位的 B2C 电子商务网站。京东商城打破现有电子商务线上与实体店铺同步运营的销售模式，改变消费者的传统消费模式。其原 LOGO 设计上更强调现代感和科技感，演绎出简洁流畅的时尚元素（图 3-13）。

图 3-13

1. 色彩分析

橙色——介于红色与黄色之间，是暖色系中最温暖的颜色。设计中的橙色通常传达一种比较亲近的感觉，同时又能保持严肃性和专业特质，是能够吸引客户注意力的色彩，是电子商务网站经常使用的一种颜色。

蓝色——最冷的颜色，与橙色形成互补与对比。蓝色有沉稳的特性，具有理智、准确的意象，在商业设计中，强调科技、效率的商品或企业形象，大多选用蓝色作为标准色。

渐变色——网络中特有的使用方法，传统的印刷设计中不使用。

2. 结构分析

整体以网站的中文名称和URL地址为主，圆形的部分象征圆满，全方位代表京东的商品种类齐全。

3. 字体分析

字体采用朴实的黑体字，给人厚重、稳定、安全的感觉。

4. 设计技巧分析

对比——互补色的利用，中英文文字大小对比。

比例关系——文字横竖两个方向符合黄金分割。

点睛之处的细微调整——对数字6和0进行图形化处理。

二、栏目编辑

（一）首页中常用网页导航的位置和特点

1. 顶部水平栏导航

顶部水平栏导航是当前两种流行的网站导航菜单设计模式之一。它最常用于网站的主导航菜单，且通常放在网站所有页面的网站头的直接上方或直接下方，如图3-14所示。

图3-14

顶部水平栏导航设计模式有时伴随着下拉菜单,当鼠标移到某个项上时弹出它下面的二级子导航项。

(1)顶部水平栏导航的一般特征。导航项是文字链接,有按钮形状,或者选项卡形状。水平栏导航通常直接放在邻近网站 LOGO 的地方。

(2)顶部水平栏导航的缺点。顶部水平栏导航最大的缺点就是它限制了在不采用子级导航的情况下可以包含的链接数。对于只有几个页面或类别的网站来说,这不是什么问题,但是对于有非常复杂的信息结构且有很多模块组成的网站来说,如果没有子导航项,就不是一个完美的主导航菜单选择。

(3)何时使用顶部水平栏导航。顶部水平栏导航对于只需要在主要导航中显示 5~12 个导航项的网站来说是非常好的。这也是单列布局网站的主导航的唯一选择(除了通常用于二级导航系统的底部导航之外)。当它与下拉子导航结合时,这种设计模式可以支持更多的链接。

2. 竖直/侧边栏导航

竖直/侧边栏导航的导航项被排列在一个单列,一项在一项的上面。它经常在左上角的列上,在主内容区之前——根据一份针对从左到右习惯用户的导航模式的可用性研究,左边的竖直导航栏比右边的竖直导航表现要好。竖直/侧边栏导航设计模式随处可见,几乎存在于各类网站上。这有可能是因为竖直/侧边导航是当前非常通用的模式之一,可以适应数量很多的链接,如图 3-15 所示。

图 3-15

它可以与子导航菜单一起使用,也可以单独使用。它很容易用于包含很多链接的网站主导航。竖直侧边栏导航可以集成在几乎任何种类的多列布局中。

(1)竖直/侧边栏导航的一般特征:

①文字链接作为导航项很普遍(包含或不包含图标);

②很少使用选项卡(除了堆叠标签导航模式之外);

③竖直导航菜单经常含有很多链接。

（2）竖直/侧边栏导航的缺点：因为可以处理很多链接，当竖直菜单太长时可能使用户厌烦。尝试限制引入的链接数，可以使用飞出式子导航菜单以提供网站的更多信息。同时考虑将链接分放在直观的类别当中，以帮助用户很快地找到感兴趣的链接。

（3）何时使用竖直/侧边栏导航？竖直导航适用于几乎所有种类的网站，尤其适合有一堆主导航链接的网站。

3. 选项卡导航

选项卡导航可以随意设计成任何你想要的样式，从逼真的、有手感的标签到圆滑的标签，以及简单的方边标签等。它存在于各种各样的网站里，并且可以纳入任何视觉效果，如图3-16所示。

图3-16

选项卡比起其他类别的导航有一个明显的优势：它们对用户有积极的心理效应。人们通常把导航与选项卡关联在一起，因为他们曾经在笔记本或资料夹里看见选项卡，并且把它们与切换到两个新的章节联系在一起。这个真实世界的暗喻使得选项卡导航非常直观。

（1）选项卡导航的一般特征：①样子和功能都类似真实世界的选项卡（就像在文件夹、笔记本等中看到的一样）；②一般是水平方向的但有时是竖直的（堆叠标签）。

（2）选项卡导航的缺点：选项卡最大的缺点是它比简单的顶部水平栏更难设计。它们通常需要更多的标签、图片资源以及CSS，具体根据标签的视觉复杂度而定。选项卡的另一个缺点是它们也不太适用于链接很多的情况，除非它们竖直地排列（即使这样，如果太多它们还是看起来很不合适）。

（3）何时使用选项卡导航？选项卡也适合几乎任何主导航，虽然它们在可以显示的链接上有限制，尤其在水平方向的情况下。将它们用于拥有不同风格子导航的主导航的较大型网站是个不错的选项。

4. 飞出式菜单导航和下拉菜单导航

飞出式菜单导航（与竖直/侧边栏导航一起使用）和下拉菜单导航（一般与顶部水平栏导航一起使用）是构建良好导航系统的好方法，它使得网站整体上看起来很整洁，而且使得深层章节很容易被访问，如图3-17所示。

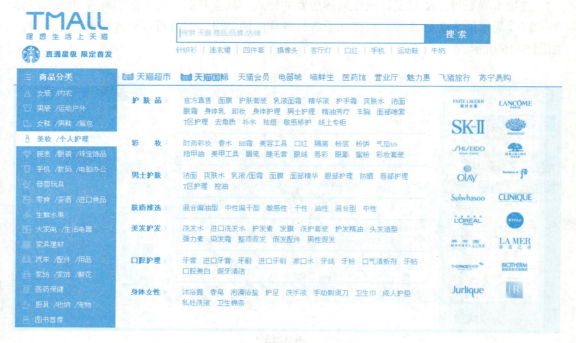

图3-17

它们通常结合水平、竖直或是选项卡导航一起使用，作为网站主导航系统的一部分。

（1）飞出式菜单导航和下拉菜单导航的一般特征：①用于多级信息结构；②使用JavaScript和CSS来隐藏和显示菜单；③显示在菜单中的链接是主菜单项的子项；④菜单通常在鼠标悬停在上面时被激活，而有时候也可能是在鼠标点击时激活。

（2）飞出式菜单和下拉菜单导航的缺点：

除非在主导航链接边上放置一些标志（通常是箭头图标），不然访客可能不知道那里有包含子导航项的下拉或飞出式菜单，因此使这些标志很明显是非常重要的。同时飞出式菜单导航和下拉菜单导航可能使导航在移动设备上非常难用，所以要确保移动样式表处理了这种情况。

（3）何时使用飞出式菜单和下拉菜单导航？如果想在视觉上隐藏很大的或很复杂的

导航层次，飞出式菜单导航和下拉菜单导航是很好的选择，因为它让用户决定他们想看见什么，以及什么时候可以看见它们。它们可以用来在不弄乱网页的情况下按需显示很大数量的链接。它们还可以用来显示子页面和局部导航，并且不需要用户首先单击打开新的页面。

5. 页脚导航

页脚导航通常用于次要导航，并且可能包含了主导航中没有的链接，或是包含简化的网站地图链接，如图3-18所示。

图 3-18

访客通常在主导航找不到他们要找的东西时会去查看页脚导航。

（1）页脚导航的一般特征：①页脚导航通常用于放置其他地方都没有的导航项；②通常使用文字链接，偶尔带有图标；③通常链接指向不是那么关键的页面。

（2）页脚导航的缺点：如果页面很长，没有人愿意仅仅为了导航而滚动到页面底部。对于较长的页面，页脚导航最好作为重复链接和简要的网站地图的地方。它不适合作为主导航形式。

（3）何时使用页脚导航：绝大多数网站都有这样那样的页脚导航，即使它只是重复其他地方的链接。应考虑什么放在这里有用，以及访客可能最想找什么。

（二）网页导航的栏目内容设计

多姿多彩的导航方式可以满足用户浏览时视觉上的感官体验和操作上的交互体验，但在导航栏目内容的设计上，不应只是网站内容的简单分类，而应该是体现网站独特的风格和理念。导航栏目内容应该能够精准地引导用户，迅速找到目标内容。例如：

（1）淘宝商城以"品牌""特色"作为内容标题，突出"淘"的特色；

（2）当当网主导航采用中规中矩的商品类别做栏目内容，下方增加水平栏副导航按特色服务进行分类；

（3）亚马逊干脆取消顶部水平栏导航，只使用左侧竖直飞出式菜单导航，顶部水平栏导航的位置被搜索栏的大片空白占据，方便目的性强的直接用户，体现网站特色；

（4）凡客则使用与当当网类似的方式，主导航采用特色热销商品，副导航使用总体的商品类别。

大多数网站使用不止一种导航设计模式。例如，一个网站可能会用顶部水平栏导航作为主导航系统，并使用竖直／侧边栏导航系统来辅助它，同时还用页脚导航来做冗余，增加页面的便利度。当选择的导航系统基于导航设计模式时，必须选择支持的信息结构以及网站特性的方案。导航是网站设计的重要部分，它的效果必须有坚实的基础。

三、商品的分类

我们将京东商城、当当网、1号店等大型网站商城的商品总分类对比，可以了解一下其商品分类方法，如图3-19所示。

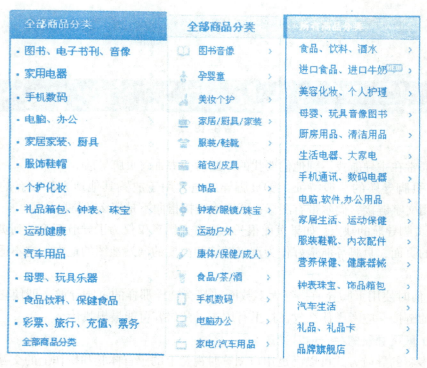

图3-19

我们在编写商品分类时会考虑网站的特点，如1号店食品饮料类商品种类较多，因此在编写商品分类时，食品类有两个大分类：食品饮料酒水和进口食品，这个分类和其他网站就有所不同，这关键是由1号店的商品特点决定的。

而京东商城以家电为主，所以它单独有一个大的分类就是家用电器，而在其他很多网站是将家电和其他商品合二为一的。例如,当当网把家电和汽车用品放在一个大分类中。

所以,商城的分类不是一成不变的,根据各自的特点略有变化,但是大的方向是一致的,即各大商城都是以商品用途为依据来做分类的。

第二节　商品属性编辑

商品属性包括商品的基本属性和扩展属性,商品的基本属性在产品的包装上有注明,而扩展属性在有些类目的产品中标注得并不明确,这就需要我们自己去收集数据。此外,如何将商品的各项属性更有效地展示在商品详情页中,也是需要网站编辑仔细斟酌的。好的商品属性资料能够让顾客迅速地了解到产品的特点,提高顾客的网上购物体验。

一、商品属性的概念

商品属性通常包括名称、价格、SKU 编码、重量、成本等,见表 3-1。

表 3-1　商品属性

属性名	属性值	作用备注
商品名称	—	—
商品价格	货币单元	
价格区间	货币单元区间	价格搜索范围
简单描述	—	—
SKU 编码	按照仓位顺序编码	快速准确定位产品
重量	kg	运输、物流价格计算
成本	货币单元	核算利润
META 信息	产品相关优化信息	SEO 优化
META 关键字	商品相关优化关键字	SEO 优化
URL	访问路径	SEO URL 访问路径优化
商品图片	GIF、JPEG	—
类别分类	男装、女装、上装	—
库存	数值	库存管理控制
生产厂家	LV、GUCCL	采购大家管理

扩展属性是相对于商品基本属性而言的，基本属性就是大多数商品所共有的一些内容，如货号、重量等内容，而扩展属性则是某一类商品所独有的内容，如图3-20所示。

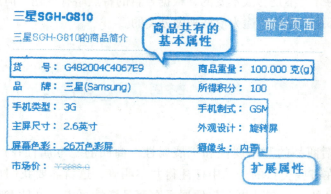

图 3-20

二、商品属性的收集与设计

商品属性为商品的展示及筛选提供了多个维度，在丰富商品内涵的同时，使商品信息的标准化成为可能，为顾客提供了更好的购物体验。

对于顾客来说，一部分会在登录商城后直接去寻找自己需要的商品；另一部分会先了解商品所属的商品类目，从中进行对比。作为商城系统的后台，会将商品的属性资料收录到检索器中。当商品属性信息齐全时，顾客就能在第一时间以最方便的途径找到其想要看的商品品类。所以对商品进行属性的收集与分类是非常关键的。

案例 3-2

收集服装类产品属性信息

在服装类产品中，商城信息的检索会按照下面的方式收集商品属性信息，见表 3-2。

表 3-2 收集商品属性信息的方式

项目	方式
价格区间分类	50~100 元；100~200 元；200 元以上
材质分类	牛皮、PU、革等
用户群分类	女性、男士、儿童等

商品搜索的本质其实是搜索商品的属性，特别是当顾客购物的目的性越强时，使用搜索功能就越频繁。网站的商品越多，搜索功能也就越重要。现实中，商家可以通过扩大卖

场来展示更多的商品；购物网站却只能用一个显示器屏幕来展示。搜索功能的完善是个技术问题，而核心基础是商品基本属性的规划部署。

三、商品属性的编辑

商品属性信息的添加是网站编辑人员必须要做的。在商城中上架的商品一般是商品部门直接给出的，如果信息不全面，需要网站编辑人员自行增加商品信息，内容要保证真实无误，提供的商品属性信息越全面越好。

商品属性的编辑要考虑到商品的特点，以及整个页面的布局。在运用表格与图示进行商品编辑时，有一定的编辑思路可循：

在进行编辑时，一定要将商品的基本属性放在扩展属性前面。基本属性一般以表格展示为主，编辑时，按照商品基本属性一一列出，样式整齐规范，内容属性准确。

在进行扩展属性编辑时，可以放在详情页的任何位置，有时会根据具体的细节图加以注释说明，有时要以商品的扩展属性作为卖点，放在详情页的第一屏中，强调商品的独有特点，这样可以起到更好的营销效果。拓展属性编辑没有固定样式，可以用传统的表格展示，也可以制作促销或形式，增加视觉印象，提高关注度。

案例 3-3

食品类商品属性编辑

编辑商品的基本属性，食品类的基本属性有：商品编号、商品名称、出厂日期、产品，厂家名称等信息；除此之外，食品还应该包含保质期、主要成分等信息，如图 3-21 所示。

产品参数：

生产许可证编号：SC12432012400284	产品标准号：Q/FJDF 0003S	厂名：含羞草(江苏)食品有限公司
厂址：南京市溧水经济开发区溧星路97号	厂家联系方式：400-800-4900	配料表：扁桃仁、蔓越莓干（蔓越莓、…
储藏方法：密封保存于常温、避光、阴…	保质期：180 天	食品添加剂：详见产品包装
品牌：Three Squirrels/三只松鼠	系列：每日坚果001	产地：中国大陆
包装方式：包装	食品口味：【　　　】推荐…	净含量：750g

生产日期：2020-03-02 至 2020-07-19

图 3-21

编辑商品的扩展属性时，需要结合产品的特点，常见的食品类商品的扩展属性包括商品货号、正品标识、包装材料、加工工艺等。有时为了强调一些特有的属性标识，运用图示表示，如图 3-22 所示。

图 3-22

第三节 商品图片效果编辑

如今的网上商城中,商品的宣传图充斥了整个网站。这是因为网上商城的运营人员意识到了商品图片有更强的营销效果,更好的视觉冲击力,在顾客浏览时,往往是因为一张或几张图的展示效果,便说服了顾客,提升了顾客的购买欲望,最后促成了交易。在商品的详情页中,其精细美观的程度丝毫不亚于我们在线下看到的宣传海报。

一、详情页商品图片分类

商品展示图:陈列在商品详情页的上方,在商城中展示图的数量是有规定的。根据商品特点,商品展示图数量一般为5张。

商品宣传图:图片位于商品属性列表的下方,数量一般为1~3张。商品宣传图会运用更多的设计元素和宣传文案,作用是更好地对商品进行宣传。

商品细节图:细节图是为了能够让顾客更好地了解产品的外观以及特性,一般放在宣传图的后面。

二、商品图片效果编辑的内容

在做商品图片编辑时,需要先了解关于图片版式、效果显示和图层选择等方面的设计知识,为后面的工作打好基础。

(一)图片版式效果

构图:根据题材和主题思想的要求,把要表现的形象适当地组织起来,构成一个协调的完整的画面称为构图。

1. 水平构图

水平构图是商品呈横向放置或者横向排列的横幅构图方式。这种构图方式能够给人一种稳定、可靠的感觉,多用来表现商品的稳固,并给人安全感,是一种常用的构图方式,如图 3-23 所示。

2. 垂直构图

竖式构图是商品呈竖向放置和竖向排列的竖幅构图方式,这种构图方式可以表现出商品的高挑、秀朗,常用来展示长条的或者竖立的商品,如图 3-24 所示。

图 3-23

图 3-24

3. 对角线构图

对角线构图是商品斜向摆放的构图方式,其特点是富有动感、个性突出,对于表现造型、色彩或者理念等较为突出的商品,对角线构图方式较为实用,使用得当可以产生很不错的画面效果,如图 3-25 所示。

4. 商品布局黄金分割

黄金分割法的构图方式,画面的长宽比例通常为 1∶1.618,按此比列设计的造型十分美丽,因此被称作黄金分割,这一比例也叫黄金比例。我们日常生活中很多东西都采用这个比例。黄金分割的简单方式是将画面用"两横两竖"的线条把画面均分为九等分,也叫"九宫格",中间四个交点成为视线的交点,把产品放在任意两个交点上,在 1∶2 的画面比中,是最简单地能够呈现美感的构图形式,如图 3-26 所示。

图 3-25

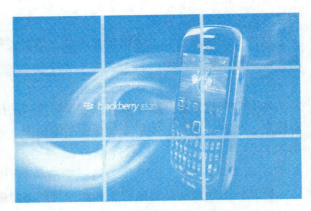
图 3-26

（二）商品效果展示的艺术形式

适当的搭配：在展示商品的外观时，我们要迎合顾客越来越挑剔的目光，商品的优势和价值、悠闲的生活节奏、小资情调和无法言说的意境都有可能成为打开他们心中锁那一把钥匙。如图 3-27 所示，图中所展示的红酒图片凸显了红酒在杯中翻滚的一抹惊艳，将红酒的晶莹剔透和暗色的背景搭配，加入一抹黄色，将红酒的小资情调和美妙很好地体现了出来。

图 3-27

（三）图像色彩选择

1. 色彩的属性

色彩的三要素包括色相、饱和度和明度。三个属性非常关键，任何一种颜色都具有这三个属性。色相是色彩的相貌，根据波长的不同，产生不同的色彩，如红色、黄色、蓝色等；饱和度指色彩的鲜艳度；明度指色彩的亮度及色彩的深浅。

2. 色彩的搭配

在进行电子商务类网站宣传图效果配色时，是有技巧和规则的。作为电子商务专业的学生，我们观察现今的电子商务平台，从中总结出配色的三部曲，进行学习。

用一种色彩：这里是先选定一种色彩，然后调整透明度或者饱和度，通过深浅的变化，产生新的色彩，用于网页，这样页面看起来色彩统一，有层次感，如图 3-28 所示，以蓝色为主色调，通过调节其他模块的饱和度，以及蓝色的明度，形成新的色彩，整个页面会形成一个蓝色由深到浅的渐变，使网页的色彩达到高度统一，而且视觉效果自然，有特点。

图 3-28

用对比色：任何一个商品效果图上如果没有对比色，效果上看起来就会很单调，而且没有重点。那么如何才能准确地找到某个底色的对比色呢？这里有一个非常科学的找对比色的方法：如果底色的亮度值在 0~92（亮度值的范围是 0~240），那么它的对比色的亮度值就是底色的亮度值加上 148，只要保证这个亮度值不变，色相和饱和度就可以任意调节，不过最好还是用同一色相的色彩，如图 3-29 所示。

同一个色系：简单地说就是用同一种感觉的色彩，如淡蓝、淡绿、浅绿，或者土黄、土灰等。同一色系的要领是，只要保证亮度不变，色相可以任意调节，这样就可以调出同一种感觉的色彩了，如图 3-30 所示。

图 3-29　　　　　　　　　　　图 3-30

（四）图文结合效果的编辑

1. 字体颜色的选择

字体的颜色要与图片效果呈现对比，字体表现清晰，且与整张图片风格一致，突出文字。

2. 字体大小、粗细的编辑

用字体说明时要遵循两个原则：第一，文字要有主次之分，关键字要大而粗，第一时间抓住顾客眼球；第二，要有一定的排版，大小的区别要保持好间距。

3. 营销语的应用

把卖点喊出来——我的优势与你有关，把品牌体现出来——充分展示商品实力，流行语必不可少。

4. 价格的展示

价格一定要突出，要让顾客了解到商品的价格无与伦比，有利可图，如图 3-31 所示，帮助顾客说服他自己，产生购买的欲望。

图 3-31

第四节　商品文字描述编辑

一、产品描述的思路

电子商务是在虚拟的市场购买商品，顾客看不到商品，只能通过文字和图片信息来判断商品。像在实体店购物一样，顾客对购物的环境需要了解，而了解的过程很大一部分是通过产品的信息来传达的，信息描述的方式直接会影响顾客在购物时的判断。有一组外部数据报告是这样写的：79%的顾客不会购买没有详细描述文字和图片的宝贝，那顾客到底关注的是商品的什么信息呢？如图 3-32 所示。

（1）商品的详细用途和功能 67%（标准是比你的竞争对手更详细）。

（2）工作环境信息 61%（如果你不写清楚，设想一个 Windows 用户买了一套苹果电脑才能使用的软件……）。

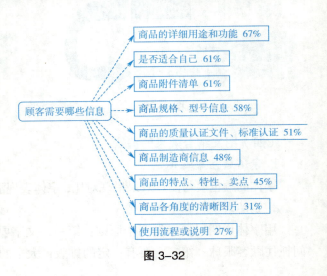

图 3-32

（3）商品附件清单 61%（如手机，带几块电池，有几张 MINISD，都要写清楚）。

（4）不同的规格、型号的信息 58%（如同一款笔记本的不同颜色）。

（5）商品的质量认证文件、标准认证 51%（让买家买得放心）。

（6）商品的制造商信息 48%（对你的商品更加可信）。

（7）商品的特点、特性、不同于其他商品的地方 45%（让顾客对你的商品产生差异化的兴趣）。

（8）清晰的、各个角度的大号图片 31%（刺激顾客的购买欲望）。

（9）使用流程说明 27%（你太贴心了）。

增加顾客在宝贝页面的访问时间不一定要全靠图片，宝贝文字描述也很关键。一般商家都非常强调宝贝的细节图片，宝贝描述页面的装修等，宝贝图片、装修固然重要，但这些应该是围绕文字描述这个核心展开的。优秀的宝贝描述是由精彩的文字描述及合理的图片展示构成的，主要发挥如下作用：

（1）短时间内吸引访客的眼球，传递宝贝价值。

（2）激发访客购买欲。

（3）打造差异化和个性化，提升产品的竞争力，跳出价格战泥潭。

（4）提高顾客信任度。

（5）能形成二次、三次销售，吸引回头客。

案例 3-3

羽绒服商品描述

某品牌羽绒服的描述如图 3-33 所示。

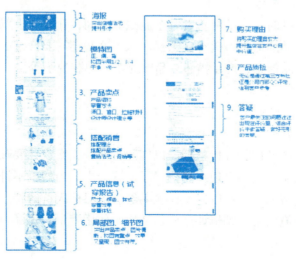

图 3-33

如果你不向买家提供这些信息，他们就很可能关掉你的网站跑到你的竞争对手那里去，或是直接到商品的生产厂家的网站去寻找信息。

二、商品信息展示的重点

商品信息展示不能千篇一律，根据商品的类别，确定展示内容，杜绝"八股文"似的宝贝描述。

（一）服装、鞋、帽类产品

服装、鞋、帽类产品因为消费者无法试穿欲购买的商品，对不了解的商品会有一种"不保险"的心态，并且对商品的品质产生诸多猜疑，所以一个详细的文字介绍是至关重要的。无论是鞋、帽还是服装，都需要在产品介绍、适合人群、品牌历史以及质地、型号、尺寸、款式等方面有详细、精确的描述。

（二）电子数码类产品

一般在网上购买数码类产品的消费者，对数码类产品都相当精通，这类人群多关注商品的详细参数。参数内容越详细，商品越具有竞争力。如果再添加产品优势或者产品特点、价格优势，就会大大提高消费者购买的兴趣。

（三）美容、母婴类产品

消费者在选购美容品时，尤为关注产品功效及产品成分，这两点也成为消费者选择商品的首要条件。当然品牌效应也尤为重要，所以在介绍美容用品时，正确的指引、显著的功效、健康的成分及品牌介绍是不可缺少的。同时母婴工具也需要产品介绍（含产地、适合人群、标配）、产品材料成分、品牌介绍、使用方法这些描述。

（四）精品箱包类产品

在描述箱包类商品时，需给消费者一个遐想的空间，让其闭上双眼就如同见到实物。当然这些须有一些商品的形容、比对和感受。除了这些还需要详细的商品描述，如卖家承诺（或广告语）、产品信息、产品描述、品牌介绍、包装说明等。

三、文案规划

（一）产品文案分析

在描述前，要对产品进行分析整理。以红酒为例，文案设计要贴合消费者需求。红酒属于中高端的餐桌饮品，大多出现在高档餐厅、聚会中。当然也不排除个人的休闲需求，满足白领阶层的小资情调等。所以，要抓住喝红酒的目标人群的特点，从目标人群的文化特点、产品的使用环境出发，编辑如品质、产地、使用背景、色泽、口感、香味、包装、酒源文化等相关文案，见表3-3。

表 3-3　产品文案分析

文案类别	文案内容
品质	贵族品质，法国红酒级别，意大利红酒级别，国王之酒，传世佳酿
产地	进口，原产地，顶尖品牌，享誉世界，产区好，酒才好
使用背景	国宴特供，聚会固定用酒，派对专供，适合自饮，团圆小酌
色泽	鲜艳，浓郁，清澈透明
口感	酸度适中，田园口味，口感均衡、纯正
香味	回味悠长，天然气息，余味清新，酒香扑鼻
包装	浪漫风情，海岸清新风格，包装精美，认证齐全
酒源文化	酿造工艺纯净，生命之水，喝出健康

（二）文案使用规划

将文案的内容规划整理好后，需要针对用途调整文案内容。如果将文案运用在宣传图中，需要尽量运用一些吸引眼球的用语，如传世佳酿、贵族品质等；如果将文案运用在细节图中，就需要运用一些功能性的文案，如包装精美、认证齐全等；如果在详情页中要介绍酒的来源、产地信息，就可以运用工艺纯净、生命之源等词语。

四、撰写商品文案的方法

（一）抒情短文

使用抒情的表达方式实现情感营销能引起消费者的情感共鸣，这种方法要注意简短。

案例 3-4

长裙的商品文案

> 还记得年少青涩时那个美丽的梦吗？
> 还记得那时想成为他心目中美丽公主的愿望吗？
> 在这个桃花纷飞的季节，穿上你最华丽的裙子，
> 和他共舞一曲春之约，回味温馨的浪漫情怀。

分析：这一段文字唤起了女生儿时的纯真回忆，与爱人一起的浪漫情怀，引起感性消费者的情感共鸣，与一张情景图搭配，可以达到事半功倍的效果。

（二）拟人

每一款商品在厂家发布时，都会有文字介绍其优点、作用、功能、使用方法，不过这些文字没有任何感情色彩，所以要转化成带有感情色彩的话语来讲解。例如，在图片中

加上与商品相关的拟人化，或者优美的文字，使消费者更有兴趣去阅读图片上的文字，看完商品描述后，让消费者与商品描述中的图片和文字产生共鸣，进一步激发消费者的购买欲望。

（三）短句描述

短句描述主要应用在宝贝描述的详图上，一般情况下，很多网站做商品细节描述都只做图片，最多简单排版图片。实际上，每张详图会表达物体某个局部，要配简短文字做解释，如图3-34所示。

图3-34

分析：鞋没什么特色，但是，图片上有一句"透气新风尚"，恰到好处，给予这款产品更多价值。

五、效果设计

文案在表述时按照商品的类型设计不同的效果在详情页中显示。根据文字字体的特性和使用类型，文字的设计风格大约可以分为下列几种。

（一）秀丽柔美

字体优美清新，线条流畅，给人以华丽柔美之感，此种类型的字体，适用于女士用化妆品、饰品、日常生活用品、服务业等主题，如图3-35所示。

（二）稳重挺拔

字体造型规整，富于力度，给人以简洁爽朗的现代感，有较强的视觉冲击力，这种个性的字体，适合于机械科技等主题（图3-36）。

图 3-35

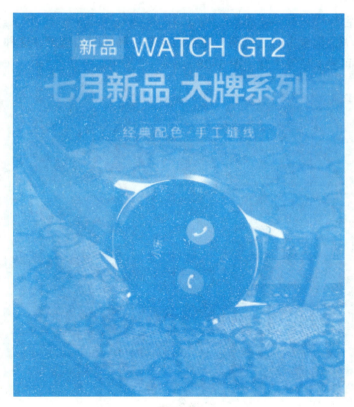

图 3-36

（三）活泼有趣

字体造型生动活泼，有鲜明的节奏韵律感，色彩丰富明快，给人以生机盎然的感受。这种个性的字体适用于儿童用品、运动休闲、时尚产品等主题（图3-37）。

图 3-37

（四）苍劲古朴

字体朴素无华，饱含古时之风韵，能带给人们一种怀旧的感觉，这种个性的字体适用于传统产品、民间艺术品等主题（图3-38）。

图 3-38

第三章 商城网站内容编辑

网站编辑需要针对商城网站页面，围绕网站的主题、功能、类型等元素，确定页面布局；调整网站板块；设计制作LOGO，会使用导航条等网站通用元素；根据用户对商品信息的需求，编辑发布商品图文信息，形成商品详情页面展示商品，符合网站规范；在理解营销理念的基础上，制定促销活动策划方案。

通过本章的学习，可以提高学生图片编辑与文字编辑能力，能够满足网站编辑岗位的基本工作任务要求。

1. LOGO的表现形式都有哪些？
2. 如何编辑商品分类？
3. 如何编辑商品属性？
4. 图片效果编辑都包含哪些内容？
5. 撰写商品文案的方法都有哪些？

拓展阅读

淘宝的售后服务

有的卖家认为商品卖出后就"万事大吉"了，其实不然，好的售后服务可能会给你带来更多忠实的买家。

一、售后服务的作用

售后服务是整个交易过程的重点之一。售后服务和商品的质量、信誉同等重要，在某种程度上售后服务的重要性或许会超过信誉，因为有时信誉不见得是真实的，但是适时的售后服务却是无法做假的。

（1）贴心周到的售后服务会给买家带来愉悦的心情，从而使其成为你的忠实客户，以后会经常来购买你的商品。

（2）售后服务增加了与买家交流的机会，同时拉近了与买家之间的距离，增加信任的机会，这样买家很可能会介绍其他更多的亲朋、好友来光顾。

二、售后服务具体事项

（1）随时跟踪包裹去向。买家付款后卖家要尽快发货并通知买家，货物寄出后要随时跟踪包裹去向，如有运输意外要尽快查明原因，并和买家解释说明。例如，笔者发过一个申通快递，在查询包裹时发现日期都两天了也没变化，赶紧向快递公司询问原因，原来是买家所在地区下大雪了而无法走件，和买家说明后买家表示理解，避免了差评。

（2）交易结束及时联系。货到后即时联系对方，首先询问对货品是否满意，有没有破损，如对方回答没有，就请对方确认并评价。这就是所说的"先发制人"。如果真的有什么问题，因为我们是主动询问的，也会缓和一下气氛，不至于"剑拔弩张"，更有利于解决问题。因为往往好多事情从情理上来讲争取主动要比被动更容易占"上风"，当然遇到"胡搅蛮缠"的买家则另当别论。

（3）认真对待退换货。货品寄出前最好认真检查一遍，千万不要发出残次品，也不要发错货。如果因运输而造成货物损坏或其他确实是产品本身问题买家要求退换货时，我们也应痛快地答应买家要求，说不定这个买家以后会成为你的忠实客户。

（4）平和心态处理投诉。网购不可避免地会出现各种各样的纠纷，能和平解决的尽量和平解决，如果真正遇到居心不良或特别顽固的买家我们也要拿起淘宝的合法武器去据理力争、奉陪到底。

（5）管理买家资料。随着信誉的增长，买家越来越多，那么管理买家资料也就很重要了。除了买家的联系方式之外还应记录这些信息：货物发出、到货时间；这个买家喜欢自己挑选还是别人推荐；买家的性格是"慢吞吞"还是"风驰电掣"；在价格或产品问题上是随意还是苛刻……

建立这些资料作用有两方面：一是如果买家再次购买可以用不同的方式与其沟通，二是可以积累实际"战斗"经验。

（6）定时联系买家，并发展潜在的忠实买家。交易真正结束后，不要以为什么事也没有了，就此冷落了买家。适时地发出一些优惠或新品到货的信息，可能会吸引回头客；每逢节假日用短信或旺旺发一些问候用语，会增进彼此的感情……当然，也有的人不喜欢这些，自己要适度掌握并随机应变，尽量挑选自己认为比较随和、有潜在性的买家去发展从而使其成为忠实的买家。

世界之大，买家也是"千奇百怪"，再完美的售后服务也无法使每一位买家都能如愿以偿，但只要认真地去做过就可以了，但求无悔。愿每位卖家的辛苦付出都有良好的回报，发展出越来越多的忠实买家！

产品推广信息的撰写和发布

【知识目标】
1. 掌握图片广告的知识。
2. 掌握软文标题的知识。
3. 掌握合理推广软文的方法。
4. 掌握软文发布途径的相关知识。

【技能目标】
1. 能够使用图片处理工具制作图片广告。
2. 能够掌握图片广告的诉求点。
3. 能够掌握图片广告的设计技巧。
4. 能够编写产品推广软文。

【知识导图】

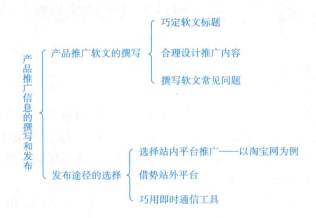

> **案例导入**
>
> 激烈的"双十一"
>
> 某年"双十一"期间,各大电商网站从线上到线下都不惜血本地奋力拼杀,大部分电商网站针对天猫仅一天五折这一特点做出了针对性传播,如苏宁易购的线下广告"一天怎么够?",一号店的"一天不够抢,三轮五折才够爽"等。作为电商网站的二当家,京东在这次营销中展现了不同的思路。
>
> "双十一"是天猫的根据地,从影响上来说,京东不大可能超过天猫。针对天猫在前几年"双十一"期间为不少用户诟病的物流慢问题,京东有针对性地做了一系列"不光低价,快才痛快"的传播,京东在线下的几幅广告创意十足,以迟到的剃须刀导致顾客变成原始人,迟到的防晒霜导致顾客变成黑人这一搞笑的形式直指天猫的痛处,在北京地铁1号线与5号线的换乘通道上,京东更是将自己的广告放在了天猫广告的对面,以自己的优势凸显对方的劣势。除了在线下,京东同样在线上做了"不光低价,快才痛快"的话题传播,除线下的两幅广告外,创造了更多适合网络传播的海报,使其线上线下的传播实现了对天猫的立体式狙击。
>
> 京东在"双十一"战役中三天的营业额超过了25亿元,虽然与天猫一天内350亿的营业额相比差距不小,但狙击的目的已然达到。京东在"双十一"的营销上之所以令人印象深刻,最大原因在于以己之长,攻彼之短的卡位战略。

第一节　产品推广软文的撰写

一、巧定软文标题

(一)软文的内涵

实际上,软文就是一种文字广告,多是由公司内部策划或者广告公司文案来撰写的,即在一篇新闻稿、使用心得、趣味故事等文章里嵌入广告,以此来宣传企业或商品。软文,是指通过特定的概念诉求和理论联系实践的方式,利用心理战术使消费者走进企业设定的"圈套",从而达到宣传效果的营销模式。

相比硬性广告,软文的最大特点在于"软",将广告藏于文中,潜移默化地影响消费者,等到消费者回味故事的时候才发现这其实是一篇软文,而又难以拒绝地抱着好奇心去点击或尝试使用广告宣传的商品,这就是一篇成功的软文。

(二)标题在软文中的重要性

现在是快餐文化的时代,一切都非常迅速和便捷。如果上网找东西只靠慢慢在网上看,犹如大海捞针，那么会浪费时间，耽误事情。所以现在上网都会用到搜索引擎，在搜索框里输入关键词，就会出现很多网页链接，而这个时候为了节省时间和方便快捷，排在前面的总是用户浏览最多的，也就是点击率最高的。

无论是门户网站，还是搜索引擎，有吸引力标题的点击率都非常高，两者是成正比的。所以，一篇软文里最重要的关键词不是在内容里，而是在标题上。

写文章，题眼、标题很重要，这就相当于眼睛之于人，没有好看的眼睛，人的形象就逊色不少。软文中，标题更重要。如果标题不吸引人，不能吸引消费者阅读的欲望，那么这篇软文基本上就失败了。

那么到底什么是标题？标题其实就是文章的主题，把主题用一句话总结出来就是标题。看似简单的几个字，却要包含整篇文章的关键要点，标题是文章内容的精华所在，不仅要表达内容，还要避免庸俗。

（三）撰写软文标题

如何撰写标题是一个看似简单却很值得深究的问题。其实，不难发现，标题无处不在。无论是在传统广告媒体的报纸、书籍、杂志、海报、宣传单上，还是互联网的新闻资讯、电子邮件、促销信息、网络广告以及线下的一些会展、活动等，都要用到标题。在不同的情况下，软文标题撰写的方法和技巧是不同的，现在以淘宝网为例讲解撰写软文的一些方法和技巧。

淘宝网店的标题意味着可以直接提升网店中产品的关键词排名、网店中产品的点击转化率、网店直通车商品的点击率。那么，该如何设计淘宝店铺的标题呢？

淘宝网是一个 C2C 的网站，店铺数量非常多。但对买家而言，他们总是首先看到那个名字比较犀利、个性的店铺。那么，怎样才能避开平庸，让自己的网店脱颖而出呢？

1. 规范

做淘宝，首先要学会规范，遵守淘宝卖家的游戏规则，标题也一样。例如，淘宝直通车最多可以显示 20 个汉字，过多则不会被显示。所以，先要学会在框架里设计出自己的名字，既要描绘出属性特征，又要表达它的独特之处。

2. 利益

做淘宝的人都明白，买家喜欢网购的便捷，更喜欢网购的便宜价格，所以，短期内，提升淘宝客流量的便捷方法就是通过直接利益去诱导买家，如淘宝网有个板块是"9.9 包邮"，即支付 9.9 元左右的费用，就可以收到比 9.9 元价格高很多的商品，如图 4-1 所示。

图 4-1

3. 数据

淘宝卖家可以通过淘宝数据魔方，如图4-2所示，分析关键词，然后将关键词拟入标题；可以多设计标题，然后进行测试，将点击率最高的标题定为最后的标题。

图 4-2

4. 差异

标题差异化是资深淘宝卖家为了区别于他家、彰显个性所惯用的一种方法，即将自己的标题或图片设计成与其他淘宝店有较大差异的行为。例如，2017年，有个淘宝店主因为年底放假，美工回家了，自己又不会修图，就用笨拙的方法将产品图片设计成白底黑字，以幽默的口气推广产品，产生了差异化，赢得了众多客户。

二、合理设计推广内容

（一）确定营销目标，决定软文撰写方向

编辑软文不仅要了解店铺各个发展阶段的目标，也要明确各个层面以及当下的目标。只有对店铺的营销战略了如指掌，才可以确定软文营销的总体目标，以及各个发展阶段、各个层面和当下的目标。

尽可能详细地列出软文营销的目标战略图，如对内对外、线上线下、传统及网络媒体上的软文发布、广告、公关等目标，并且，还要设定每一个目标的发稿及投放媒体数量。

编写优秀的软文，不仅需要与客户进行具体的网络沟通，还应当通过各种渠道寻找更多相关资料，当然，要是对方的网站信息齐全，提供电子杂志或可下载的文件，那就更好了。

（二）了解受众和媒体，提高软文质量

站在网络软文营销的立场上说，那些以网站为营销工具的站长、网店店主、小型工作室或微型企业，重要的一点便是对关键词进行分析，包括相关关键词、网站的优化数据、

竞争网站与网络广告的基本情况以及易被搜索引擎收录到百度新闻或谷歌资讯频道的网站信息。其原因就在于网页内容的优化实际上等同于软文的优化，要想提高网页在搜索引擎中的排名，就必须选一个搜索量大、竞争性小、相关性高的关键词。

因此，事实上，软文营销包括了软文推广、优化与传播等层面，但站在撰写软文的立场上，应当了解受众以下一些信息。

1. 习惯用语

要想达到"精准营销"的目的，就必须熟悉受众的习惯用语，从而更好地设计出关键词。而习惯用语则主要是消费者对当前服务或产品的惯用表达。

2. 偏好网站

不仅要了解消费者经常浏览信息、互动讨论、听音乐以及看视频的网站，还要知晓他们喜欢百度、谷歌还是搜搜等搜索引擎。

3. 关注需求

弄清楚潜在消费者对产品或服务的需求，以及消费者在交易过程中的不便之处和最关注的方面。

（三）形式服务内容，内容服务目标

一篇软文具有两个基本点——制造需求和引导消费，并秉持"四个凡是"的原则，即凡是更有利于推进营销目标，凡是被消费者接受，凡是被媒体采纳，凡是满足以上三项的都应当作首要选择。

不同于一个内容可以具有多个主题，一个主题必然只能是一篇软文。新闻软文以新闻的方式表现，故事软文以小说、杂文或漫画等方式表现，这体现出软文题材的各式各样。为了能更好地将内容传递给目标人群，表现形式必须选择恰当。

软文的结构可以分为写作思路和软文编辑两种结构。

"意"是写作思路的结构；"形"是软文编辑的结构，即软文段落的优化等一些小技巧。实际上，让消费者自然而然、轻松愉悦地读完全篇就是软文段落的优化，即一种阅读上的体验处理。其一般做法是：第一段控制在1~3句话，150个字以内；从第二段到倒数第二段，每个段落一般最好保持在5~6个句子；最后一段同样控制在3句话之内。

切记，段落之间的距离要大于句子之间的距离，清楚就好。

（四）标题引人入胜，赢得先机

相比于一篇软文的写作时间，设计标题往往需要更长时间。一旦标题无法引人入胜，那么一切都是徒劳：无论稿件再好，无人阅读都是空的；不论创意多棒，无人点击便是虚的。至于标题写作，之前已有讲解。

（五）重视软文写作

网络软文不仅是为了吸引更多的流量或传递某种商业信息，更是为了达到交易或交换的目的，转换和改变消费者固有的价值观。与消费者沟通是软文的主题，但沟通的意图并不是重点，重点在于要引发对方回应。消费者的理解、认知、回应程度是撰写软文的关键，简而言之，就是使消费者理解软文并行动。

查获"致癌蟹"重奖100万元

据新闻晨报报道,记者从昆山市巴城镇蟹业餐饮协会获悉,该协会决定邀请台湾卫检专家到阳澄湖进行现场捕检。协会会长龚炳龙告诉晨报记者,若查实含有致癌物质的"问题蟹",协会将奖励相关卫检人员100万元……

分析:

(1)从该标题获得的信息是:有人查获了"致癌蟹",收到100万元的重奖。可是,看了正文,真实的情况是:某餐饮协会承诺,"若查实含有致癌物的'问题蟹',协会将奖励相关卫检人员100万元"。关联虚词"若"与"将"或者"则""就""便"配合使用,表示的是假设和结果的关系。上述标题,由于缺少"若"与"将"这对关联词语,不能准确地概括新闻事实,因而让读者产生错觉。

(2)凸出亮点。标题要想在短时间内吸引读者的眼球,一定要有新意、有亮点。什么内容可以称得上亮点呢?

①最新的、重要的、有影响的内容;
②广大浏览者所不知晓的内容;
③离奇、反常的内容;
④与广大浏览者切身密切相关的内容;
⑤有争议、有待解决的内容;
⑥事态正在发展将产生广泛和深远影响的内容;

提示:营销推广软文标题如果能有意识地选择一些与浏览者生活、情感、思想有一定联系的词语或关键字,则较容易拉近与浏览者的距离,与浏览者产生共鸣,得到浏览者的关注。

三、撰写软文常见问题
(一)宣传点的选择

软文的宣传点就是产品的卖点,这在软文里很重要。宣传点一定要结合对应消费群的特点与需求进行选取,挑选出那个最能吸引消费者、帮助消费者、打动消费者的卖点作为软文的宣传点。

找好宣传点就是围绕宣传点来写软文,这时很多撰写者会犯两个错误:一是采用模式化软文,二是用溢美言辞去堆砌。模式化软文偏于伪原创,会让消费者看起来生硬无趣,这样把宣传点写得再好也不够生动;而用华丽词语堆砌出的软文就偏离了本质,更像雕文,让消费者觉得虚无缥缈;如果在文中穿插宣传点就显得很突兀,类似于硬性广告,让消费者反感。

（二）宣传渠道的选择

软文营销最直接的点就是要选好宣传渠道，否则，再好的软文也会被埋没。选择宣传渠道的时候一定要以消费为中心去定位消费群常去的网站、论坛、博客、微博等，将软文定向地多方位发布到消费群密集区，这样才可能让消费者准确地找到软文，知晓产品。

（三）周密计划的制订

软文不是硬性广告，所以在网站点击率和产品销售方面不会有立竿见影的效果。软文需要通过大量投入有质量的软文，经过长期的营销推广，潜移默化地渗透到消费的思想中，才能够有所成效。所以，想要有个完美的结果就要制订一个周密的计划，如软文的写作方向和注意点、软文阶段性的投入内容和投入数量、软文投入后的反馈等，这样才能更有利于软文的写作和最后的收益。

第二节 发布途径的选择

一、选择站内平台推广——以淘宝论坛为例

淘宝论坛流量大，是一个很好的免费推广平台，这里每天都有来自各个板块大量的浏览量，新手在发帖之前先去帮助中心看看社区规则，什么能发，什么不能发，做到心中有数。在淘宝网站的首页单击右上角的"网站导航"选项，即可进入淘宝社区。淘宝论坛首页如图4-3所示。

图4-3

在淘宝论坛上推广产品时，有以下注意事项：

（1）发表帖子的时候要找对版面，只有选择了正确的发表版面才能让潜在客户更准确地

找到自己所关注的帖子。如果选择的版面不对，帖子不但不会被加精，浏览量也会非常少。

（2）和网站的版主管理员和谐相处。如果认为自己的帖子很好，可以直接推荐给版主。版主的旺旺显示在社区板块的右上方，随时都可以把帖子发给他们，让他们给帖子加精，甚至置顶。也可以自己申请当管理员，享受丰厚的待遇，拥有更多网店运营培训的机会。

（3）在最好的时间段发帖。一天中最好的发帖时间有两个：一个是在11：00—14：00，另一个是19：00—22：00时。因为在这两个时间段论坛的浏览量最高，此时发帖，回帖率一般都是比较高的。在时间上，还可以特别注意在节假日发帖。

二、借势站外平台

（一）百度推广

1. 搜索引擎竞价排名的含义

搜索引擎竞价排名是指搜索引擎网站向企业提供的一种按效果付费的网络营销服务，如百度推广。每天有超过1亿的网民在百度查找信息，企业在百度注册与产品相关的关键词后，就会被主动查找这些产品的潜在客户找到。通过这种方式，既让有需求的人便捷地找到合适的产品和服务，也让企业用少量投入就可以获得大量潜在客户，有效提升了企业品牌的影响力。

企业在购买该项服务后，通过注册一定数量的关键词，其推广信息就会率先出现在网民相应的搜索结果中。如某企业在百度注册"女装"这个关键词，当消费者搜索"女装"的信息时，该企业就会被优先找到，如图4-4所示。百度按照给企业带去的潜在客户访问数收费。

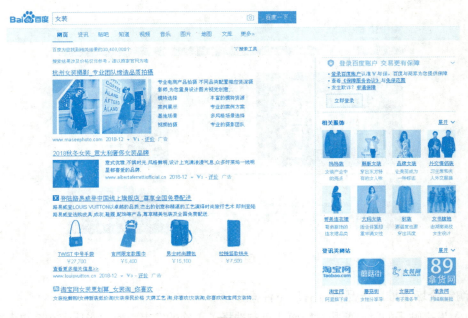

图 4-4

2. 进行搜索引擎竞价排名

以百度竞价排名为例，介绍利用搜索引擎竞价排名进行推广的设置内容，见表4-1。

表4-1 百度竞价排名操作方式

序号	项目	内容
1	注册并登录账户	打开百度推广网址注册并登录账户。进入"系统首页"可以显示缴费金额、消费金额、后台每个内容的简要介绍和百度的相关信息
2	管理关键词	单击"管理关键词"选项，出现的是已提交的所有关键词的列表。内容包括已提交的关键词、关键词的状态、点击价格、竞价模式、最高竞价、当前排名、前三名竞价情况（竞价以红色显示）、点击次数、点击平均价、消费金额等
3	添加关键词	单击"添加关键词"选项，出现的是提交关键词的界面。填写关键词、网页标题、链接的URL地址、网页描述等信息。相关内容填写完整后，一定要单击"提交"按钮。提交后系统会提示提交成功
4	分组管理	单击"分组管理"选项，在"组别名称"对应的方框中填入想分组的类别名称，然后提交就可以了。例如，某个招聘公司，就可以把关键词按照招聘的行业分类，可以分为服务行业、制造业、化工行业等
5	统计报告	选定想要的统计报告类型，用上个月统计和下个月统计选择想要的统计报告时间，都选择好后单击"生成报告"按钮，就可以看到想查询的统计报告了
6	信息查询	可以查询关键词的竞价情况、某个关键词的相关情况。其中包括当前竞价情况、与查询的关键词相关的关键词

（二）论坛推广

互联网刚出现的时候，论坛也随之诞生。在互联网经过多次洗礼后，论坛作为一种网络平台不仅没有因此而消失，反而越来越呈现出一种蓬勃发展的态势。网络产生的早期就已经有企业借助论坛发布产品信息，可见论坛营销并非新兴产物。虽然直接广告推广才是最简单、最原始的，但显然并没有受到现在很多网络用户的欢迎，因此，营销者必须重新想出更多更好的点子，充分发挥论坛对推广营销的价值。

论坛推广的阶段与步骤如下。

1. 手动发软文

手动发软文阶段才算是进入真正推广，营销人员能将广告升级为软文，体现了营销意识的增强。本阶段的核心是"软文"，通常帖子是否会被删除以及出现其他结果都取决于软文的质量和力度，因此，正如前文所强调的，软文在网络营销中占据着重要地位，必须注意软文写作能力的提升。

此外，营销人员还应该注意发布渠道和营销目标的匹配，并且，还应考虑相关论坛管理员的监管力度这一因素。通常情况下，历史越悠久的论坛，对软文就越敏感。

2. 通过互动发软文

虽然用软文替换广告大大降低了被删除的概率，但在论坛上发完软文就完事的心态却是万万要不得的。营销人员还应该与网友进行互动，从而获取更好的效果。论坛推广的本质就是互动，没有互动的营销只是短时性的一个人自言自语，并且，论坛的圈子文化决定了只有与论坛的网友沟通交流才能更有效地将信息传递出去。

想要达到这一境界，营销人员必须深刻了解论坛推广的本质，并具备一定的推广经验。与论坛互动并非易事，互动好坏也是证明一个营销人员执行能力强弱的一个重要标准。

3. 真正意义的论坛推广

怎么做才能达到论坛推广的最高境界呢？一切用结果来证明。如果在推广的同时达到如下几个标准，就证明推广者已经成为一个优秀的论坛推广高手了。

（1）不被删帖。这是最基本的要求，因为如果一篇帖子刚发布就被删除，也就没有所谓的营销了。

（2）博取眼球。纵然帖子不被删除，但没人看，也还是在做无用功，因此帖子内容也应该受到重视。营销者必须要好好练练"笔"。

（3）打动用户。即使满足了上述两个条件，若无法触动用户的神经，则该论坛推广不是一次成功的营销。论坛营销的最终目的是影响用户的选择和行为。

（4）与人互动。如果没人回帖，帖子将会被新帖湮没。所以，发帖人必须保持与网友的积极互动，从而扩大影响范围。

（5）加精推荐。在论坛上，如果帖子被加精、加红推荐，即证明其已经获得了多数网友和管理者的肯定。

（6）被转载。如果帖子能被其他用户主动转载到其他论坛或网站上，那么也证明这次营销大功告成。

（三）微博推广

1. 微博的含义

微博，即微型博客（MicroBlog）的简称，是一个基于用户关系信息分享、传播以及获取的平台，用户可以通过网络（Web）、无线应用协议（Wireless Application Protocol，WAP）等各种客户端组建个人社区，以140字左右的文字更新信息，并实现即时分享。

2. 微博推广

微博推广以微博作为推广平台，每一个听众（粉丝）都是潜在的营销对象，每个企业通过更新自己的微博向网友传播企业、产品的信息，树立良好的企业形象和产品形象。每天更新的内容可以跟大家交流，或者参与大家所感兴趣的话题讨论，便于达到营销的目的。

3. 渗透微博推广

（1）选择微博媒体，注册微博。依托强大的媒体影响力，企业能够提高产品推广的速度和效果。同样，作为新兴媒体，微博增加了信息传播的广度，扩大了营销效果的影响力。

因此企业应尽量选择影响力大、受众主流较多的微博媒体，从而提高网络营销的辐射面。

目前我国的主流微博媒体有新浪、网易、腾讯、搜狐、凤凰、139微博客。其中60.9%的微博用户表示使用过新浪微博，新浪微博是用户使用率最高的主流微博产品。

（2）微博主题内容设定。企业微博互动营销，需要有鲜明的主题内容来吸引粉丝，进行互动精准营销。微博推广中要想取得不错的效果，必须要有特定的主题特色。

三、巧用即时通信工具

（一）QQ推广

1. 通过QQ签名

中文网络即时通信软件（QQ）的个人设置中有一栏个性签名，这里可以根据自己的爱好、心情来设置自己与众不同的签名。当然也可以利用QQ签名添加自己的广告，如添加自己的软文推广。

2. 利用QQ空间推广，增加可观流量

QQ空间推广一般是以提高空间人气为目的，以访问他人空间为辅助，两者相辅相成综合运用带来软文广告效应的。这种软文广告效应是长久的，也是不易被删除可持续存在的广告内容。利用QQ空间提高流量就是去别人的空间不断地留言，使访客都来你的空间。

可以把QQ空间当作自己的另一个店铺，大量地上传产品图片和产品信息，还能有店铺的信息链接等，不会被删也无限制。在QQ空间发表文章或是发布店铺、产品信息的同时，可以在他人的信息中心显示该日志动态信息。这是很不错的推广产品方式，相当于群发。你只需要多加QQ好友和空间好友，你发布的产品推广信息就会在更多的好友的空间里露面。

QQ空间推广的方式有很多种，下面介绍一些比较常用的方法。

（1）QQ互踩。QQ空间互踩是一种常见的QQ空间推广方式。

（2）通过搜索引擎优化。这种QQ空间推广方法非常有效，可以将QQ空间内容（日志、相册之类）列出，以便搜索引擎能够索引。

（3）通过QQ空间本身进行推广。多去访问别人的QQ空间，尽量在自己的留言中留下一些能引起别人注意的内容，引导其他用户回访自己的QQ空间。这种QQ空间推广方法的回访率是非常高的。

（4）丰富QQ空间内容。不断丰富自己的QQ空间内容，特别是QQ空间照片和日志，让访问者有回看的欲望，尽量让访问者下次再来。

（二）微信推广

继博客、微博营销之后，微信也渐渐成为一种重要的营销途径。微信和微博一样都是一种沟通工具，但微信是比微博更精准的一种营销方式。随着手机微信的普及，通过微信做营销已经非常常见了。

1. 微信的含义

微信是一款支持免费语音短信、视频和图文，支持多人群聊、朋友圈分享和陌生人社交的应用。其适用的平台包括 iPhone、Android、Windows Phone、塞班和黑莓系统，以及计算机上的网页版。

微信是一个社交平台，是基于用户关系建立起来的移动社交网络。微信最强有力的功能是公众平台的点对面、一对多的推送，制定并被许可的信息到达率极高，相应的曝光度也很高。2019 年 9 月数据显示，微信的用户量在 11.51 亿左右。

2. 微信推广

微信营销是一种通过公共平台发布信息，进行网络营销的方式。营销者通过文字形式，即软文的形式传播信息并推广企业、产品，从而实现营销目标。相比于微博营销，微信营销也具有自身的特点，也需要掌握一定的技巧才能写好微信上的营销软文。

2012 年 8 月 18 日，微信公众平台悄然发布公众平台账号。这一平台向公众开放，意味着微信已经明确了它的发展方向，开始启航。微信公众号的口号是"再小的个体，也有自己的品牌"，足见其对品牌推广的重要性。

公众平台的注册、登录和管理可以在浏览器中或在手机客户端进行。在浏览器中进行的具体步骤如下：

第一步：首先进入微信公众平台主页（http：//mp.weixin.qq.com），如图 4-5 所示。

图 4-5

第二步：单击"立即注册"链接，填写注册信息，如图 4-6 所示。

第三步：填写完基本信息后，单击"注册"按钮，进入邮箱激活界面。登录注册邮箱，打开邮件中的激活链接，进入信息登记界面，在信息登记界面选择"组织或个人"，输入相关信息，如身份证姓名、身份证号、手机号码等验证信息。填写完信息登记后转入账号

第四章 产品推广信息的撰写和发布

选择类型,可以选择创建订阅号或者服务号。需要注意的是公众账号类型一经选择便不能更改。如果运营主体为个人,就只能注册订阅号,仅有一次机会升级为服务号;如果运营主体为组织,则可以创建订阅号或者服务号。选择完账号类型后转入公众号信息,填写账号名称、功能介绍、运营地区、语言和类型。值得注意的是,账号名称一经设置便无法更改,单击"提交"按钮后,弹出注册成功的提示窗口。

图 4-6

知识回顾

本章主要撰写了商品推广信息的撰写和发布的相关内容。在产品图片广告制作过程中,要明确图片广告的推广诉求和设计技巧;学会撰写推广软文,注意软文标题的拟定,合理设计推广内容;产品广告的推广要选择合适的途径,可以选择的途径有站内推广平台、站外推广平台和人们常用的即时通信工具等。

通过本章的学习,学生要掌握图片广告的设计技巧,学会撰写推广软文,并能选择恰当的广告推广途径。

1. 图片广告设计的技巧都有哪些？
2. 撰写软文时经常会遇到哪些问题，应当如何解决？
3. 广告推广的途径都有哪些？
4. 小李在淘宝网上经营妙蕾手工休闲食品店，最近食品店推出了许多新口味，为了吸引更多顾客，小李决定5折促销，可是如何在图片上做出广告效果呢？这可让小李犯难了，你会用软件帮助小李解决这个问题吗？

具体要求：

（1）使用美图淘淘软件制作图片广告。

（2）图片中含有商品促销信息。

（3）图片中含有商品特点信息。

软文推广标题套路

一、以"利"诱人

与其他类型文章不同，软文一般都是商家发布、宣传产品、品牌的文章，所以一定要以"利"诱人，在标题中就直接指明你的利益点。

经典软文标题：

◆《小站长年收入10万不是梦——我的奋斗历程》（××网站培训软文标题）

◆《留下你的10块钱，也留下你的痔疮》（医疗软文标题）

◆《注册××网站会员，即送100元现金券》（××网上商城软文标题）

二、以"情"动人

人都是有感情的动物，亲情、友情、爱情，在这个世界上我们被"情"包围着，所以借助这个特性，在软文标题抓住一个"情"字，用"情"来感动读者。写此标题的时候作者一定要投入自己的感情。

经典软文标题：

◆《19年的等待，一份让她泪流满面的礼物》（××礼品软文标题）

◆《为了这个网站，我和女朋友分手了》（××网站软文标题）

◆《"老公，烟戒不了，洗洗肺吧"》（××保健品软文标题）

三、以"新"馋人

人们总是对新鲜的人、新鲜的事物感兴趣，这是人之常理，把握住这个特征，制造出具有新闻价值的软文,往往会引发巨大的轰动,特别是在网络传播的时候,可以获得更多的转载,这里新闻标题常用的词语包括惊现、首度、首次、领先、创新、终于、风生水起、暗流涌动。

经典软文标题:

◆《记者观察:网上项目外包风生水起》(本文作者为某威客网撰写的软文标题)

◆《我市惊现"日光盘"》(本文作者为某楼盘撰写的软文标题)

◆《苹果AIR 创、新、薄(世上最薄的笔记本电脑)》(苹果软文标题)

◆《终于,多功能车开始用安全诠释豪华》(途郎轿车软文标题)

四、以"议"动人

建议性的标题是我们经常看的标题,特别是做促销活动时,这样带有鼓动性的标题更为多见,但是建议性的标题要想跳出常规,需要下一番苦功,笔者建议可以从人们都有逆反的心理着手,不让他干什么,这样读者往往都会想着干什么。

经典软文标题:

◆《千万不要为了当老板而去创业》(××招商软文标题)

◆《果珍建议:冬天要喝热果珍》(××饮品软文标题)

刚刚我们介绍了用"利益"、用"情感"的方法来撰写软文标题吸引读者的眼球,这个基本上算是"主动出击",有没有不需要费太多脑力,就能创造出好的软文标题的方法呢?当然有,下面教您如何利用,或者说借助一些人物、事情、热点来撰写出诱人的软文标题。

五、以"问"呼人

软文标题如何让读者感觉更亲近,最简单的方法莫过于打招呼,就如中国人见面就会问的一句话:"吃了吗?"显然,以对话、发问的形式,或者直呼其名的方式往往更能吸引读者的目光,甚至可能一些不是你发问的人群会因为奇怪而关注到这篇软文。

经典软文标题:

◆《××,××他们都来了,你呢?》(本文作者为某活动撰写的软文标题)

◆《喜欢上海,飞的坐飞机过来?》(新浪上海站软文标题)

◆《1982年出生的人来聊聊》(××产品的软文标题)

◆《还有谁想要雅思、托福、CJRE学习资料?》(××培训机构的软文标题)

六、以"密"迷人

和悬疑一样,大家最喜欢听到各种真相,人类的求知本能也让大家更喜欢探索未知的秘密,于是揭秘的标题往往更能引发关注。如果大家留意中央电视台春节联欢晚会,会发现每年的魔术只要一结束,网上就会兴起揭秘潮,而相关的帖子也被炒得火热。这类标题常用的关键词有:秘密、秘诀、真相、背后、绝招等。

经典软文标题:

◆《半个月瘦身10斤,秘密首次公开》(本文作者为××减肥产品撰写的软文标题)

◆《净之美热销的背后》(××化妆品软文标题)

◆《让销售业绩提升三倍的九种方法》（××培训的软文标题）

◆《小心被宰！低价做网站的惊天秘密》（××虚拟运营商的软文标题）

七、以"险"吓人

恐吓式标题最早见于保健品软文中，通过恐吓的手法吸引读者对软文的关注，特别是有某种疾病的患者，看到相关软文后更能引发共鸣。后期，这种恐吓手法也开始转变，转为陈述某一事实，而这个提供的事实，能让别人意识到他从前的认识是错误的，或者产生一种危机感。

经典软文标题：

◆《高血脂，瘫痪的前兆！》（××保健品的软文标题）

◆《天啊，骨质增生害死人！》（××保健品的软文标题）

◆《30岁的人60岁的心脏》（××保健品的软文标题）

◆《一生有三分之二的时间，是在床上度过的，为什么不选个好床垫呢？》（××床垫的软文标题）

◆《如果你不在乎钙和维生素，请继续喝这种豆浆》（××食品的软文标题）

八、以"悬"引人

电视剧《潜伏》播出当年，收视火爆，为什么这部剧会吸众人关注，很大程度是因为一个接一个扣人心弦的剧情，因为你总猜不出下一集剧情会走向何方？写软文也是如此，从标题上，就埋下伏笔，使读者由于惊讶、猜想而读正文。此类标题应具趣味性、启发性和制造悬念的特点，并能引发正文作答。

经典软文标题：

◆《是什么让他的爱车走向了不归路？》（本文作者为某防锈产品撰写的软文标题）

◆《十年里发生了什么》（××红酒的软文标题）

◆《高端乳酸猪肉是忽悠吗》（××食品的软文标题）

◆《我是如何从失败中奋起，进而走向成功的？》（××培训的软文标题）

九、以"趣"绕人

一个好的软文标题，读者阅读后往往会过目不忘，这个就得益于软文创作者所使用的语言。生动、幽默、诙谐的语言可以将标题变得活泼俏皮，恰当的运营修辞手法、谐音的效果，可以令读者读后回味无穷，甚至乐意进行口碑传播。

经典软文标题：

◆《赶快下"斑"，不许"痘"留》（××祛痘化妆品软文标题）

◆《有"锂"讲得清》（××手机电池软文标题）

◆《不要脸的时代已经过去》（××润肤水软文标题）

十、以"事"感人

从小的时候，我们就听爸爸妈妈们讲故事；长大一点，认识了汉语拼音和简单的一些字，我们开始阅读故事；成年了，我们喜欢看《知音》之类的故事性杂志。可见从小到大

"故事"一直陪伴我们身边,而故事型标题也更容易感动人,吸引人阅读。

经典软文标题:

◆《那些年,我走过的弯路》(本文作者为某招商手册撰写的软文标题)

◆《一个襄樊汉子和他的世纪华峰装饰品牌梦想》(××装饰公司软文标题)

◆《我和采茶美女的邂逅》(××茶叶软文标题)

第五章 网络品牌文案写作

【知识目标】

1. 了解品牌营销的策略要点。
2. 了解正确运用事件营销的方法。
3. 了解企业网站形象宣传方案的方式。
4. 了解企业网站主营业务宣传方案的内容和方式。

【技能目标】

1. 能灵活运用基本方法进行网站宣传推广。
2. 能根据网络营销目标编写企业品牌软文。
3. 能正确运用事件营销进行新闻炒作。
4. 能编写企业网络营销宣传软文方案。

【知识导图】

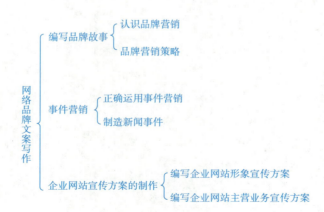

第五章 网络品牌文案写作

案例导入

可口可乐事件营销

可口可乐是世界上的知名饮料品牌，可以称得上是可乐的"发源产地"。2008年3月24日北京奥运圣火在古奥林匹亚遗址上点燃，并开始了奥运火炬的传递，就在这万众瞩目的一天，作为奥运赞助商的可口可乐公司携手拥有4亿网民注册用户的腾讯策划的"可口可乐奥运火炬在线传递"拉开了帷幕，开始了网上奥运火炬的传递。

现在是互联网时代，即时通信工具QQ的拥有者便有了在线传递奥运火炬的资格，在活动中主办方非常重视活动的互动性，2008位火炬传递大使都是来自参加"可口可乐火炬手选拔及投票"的用户。他们来自大众，从而更贴近大众，最终在线火炬传递的8888条路线共汇集了6200多万人的热情参与。

在之后的活动中，可口可乐还设置了虚拟与实物的奖品，更是有力地吸引了更多网民的参与。这次的活动使可口可乐在消费者心里树立了良好的品牌形象。可口可乐利用奥运圣火这个契机，通过时下应用最广泛的网络平台，既圆了平凡大众传递奥运圣火的梦想，也使网民更直接地表达了对奥运梦想的美好期待。同时巧妙地利用了病毒营销策略，造就了极具吸引力的"病毒""在线火炬"，并通过网络平台将此更直接地发布出去，同时得到了良好的口碑。

第一节 编写品牌故事

一、认识品牌营销

（一）品牌营销含义

品牌营销（Brand Marketing）是通过营销使客户对企业品牌和产品形成认知的过程。

世界著名广告大师大卫·奥格威对品牌曾做过这样的解释："品牌是一种错综复杂的象征，它是品牌属性、名称、包装、价格、历史声誉、广告方式的无形总和。品牌同时也因消费者对其使用的印象，以及自身的经验而有所界定。"

无论何种营销方式，都是对自己企业品牌的植入传播，网络时代为企业品牌的发展提供了全新的传播形式，网络已经成为品牌口碑传播的阵地。

（二）正确看待品牌营销

无论是建立新品牌，还是巩固老品牌，品牌营销都是一个系统工程。品牌营销的误区与纠正见表5-1。

表 5-1　品牌营销误区与纠正

误区	表现	纠正认识
做品牌就是做销量	很多企业营销主管在营销计划中，常常把产品销量作为企业追求的最大目标，认为做销量就是做品牌，只要销量上来了，品牌自然会得到提升。这是非常错误的观点	（1）在追求销量的同时，也要注重品牌的知名度、美誉度、忠诚度、品牌联想等要素的建设。 （2）品牌营销更注重建立一个永续经营的品牌，既要眼前利益，更要长远利益；既要销量，更要品牌积累
做品牌就是做名牌	认为品牌就是名牌，做品牌就是追求品牌的较高知名度	（1）品牌是一个综合、复杂的概念，它是品牌属性、名称、包装、价格、历史声誉、广告风格的无形总和，具有更深层次的内涵和价值。名牌仅仅是一个高知名度的品牌名，知名度只是品牌的一个方面。 （2）名牌可以通过高额广告费造就，一个名牌或许一次广告运作就可以诞生。 （3）单纯的知名度除能在短期内促进销售外，并不能对产品的长期利益有更多的贡献。 （4）要建立一个品牌，是一个复杂而浩大的工程，包括品牌的整体战略规划、视觉形象设计、核心理念确定、品牌符号运用、品牌场景设计、广告调性等一系列工作长期累积形成。 （5）品牌比名牌的力量更强大、时间更持久、效果更明显
商标等于品牌	品牌与商标是极易混淆的一对概念，一部分企业错误地认为产品进行商标注册后就成了品牌	（1）商标是品牌的一部分。商标是品牌中的标志和名称部分，便于消费者识别，品牌不仅仅是一个易于区分的名称和符号，更是一个综合的象征，需要赋予其形象、个性、生命。 （2）商标是一种法律概念，而品牌是市场概念。 （3）商标掌握在企业手中，而品牌是属于消费者的
曲解品牌概念	（1）做产品就是做品牌 （2）做品牌就是做广告	（1）品牌不仅仅意味着产品（质量、性能、款式）的优秀，消费才是真正的重点，同时品牌是身份的象征。 （2）品牌的定位不是宣传产品，关键是发掘出具体产品的理念
缺乏品牌的核心价值	不注重品牌核心价值的构建，几乎不存在对品牌核心价值的定位，广告十分随意，诉求主题月月新、年年变	品牌的核心价值是品牌的精髓，一个品牌最独一无二且最有价值的部分通常会表现在核心价值上。 品牌核心价值是品牌资产的主体部分，它让消费者明确、清晰地识别并记住品牌的利益点与个性，是驱动消费者认同、喜欢乃至爱上一个品牌的主要力量。 核心价值是品牌的终极追求，是一个品牌营销传播活动的原点，即企业的一切价值活动（直接展现在消费者面前的是营销传播活动）都要围绕品牌核心价值而展开，是对品牌核心价值的体现与演绎，并丰满和强化品牌核心价值

续表

误区	表现	纠正认识
品牌形象朝令夕改	（1）品牌形象内容表达信息太多，在一个产品宣传中出现多个主题。 （2）经常更换主题内容	（1）品牌形象是指消费者怎样看待品牌，它反映的是当前品牌给人的感觉。 （2）坚持品牌形象统一，应该将所有质量都集中指向同一个方向，让每一个品牌行为都对品牌资产积累有所贡献，让点点滴滴的传播动作都成为品牌资产的积累和沉淀。 横向统一：一个时期内，产品、包装、传播、推广各营销环节、一系列品牌行为都围绕同一个主题展开。 纵向统一：1年、2年……10年、20年……坚持同一主题、同一风格，不同年代都坚持统一的表现
品牌个性不鲜明	在品牌传播中，企业界普遍存在着一种跟随潮流、人云亦云的现象。这就使所有产品似乎都是一个企业生产出来的，毫无个性	品牌就像是人与人间交往，能够记起的只是一些特别的人，记起他与众不同的特征，如果一个人没有任何个性，很难被人记得。品牌同样需要个性化
品牌可以任意延伸	在多元化发展过程中，企业最容易误入品牌延伸的误区： （1）从高端市场延伸到低端市场的误区，造成品牌定位的失败。 （2）从一个领域延伸到另外一个领域的误区，造成跨行业的失败，造成品牌概念不清等	品牌的延伸可以使名牌的群体更加丰满，为消费者广泛选择该品牌提供可能。从消费者的角度讲，产品丰富、品种齐全，会带来许多消费便利；从企业的角度来说，减少广告投资中的费用，使广告宣传更加集中有效，并且有多方面的收益，这对增强企业实力自然大有好处。 品牌延伸决策要考虑的因素： （1）品牌核心价值与个性（最重要因素）。 （2）新老产品的关联度。 （3）行业与产品特点。 （4）产品的市场容量。 （5）企业所处的市场环境。 （6）企业发展新产品的目的。 （7）市场竞争格局。 （8）企业财力与品牌推广能力等

二、品牌营销策略

品牌营销策略，简而言之就是以品牌输出为核心的营销策略，下面从以下几点对其进行分析。

（一）细分市场

所谓市场细分，就是把市场分割成具有不同需求、性格或行为的购买群体，并针对每个购买群体采取单独的产品或服务营销策略。市场细分已经成为我国营销成熟企业普遍采用的品牌策略，但是许多生产型企业在宣传产品时对此重视不够。在竞争不断升级的现代，

任何一个企业都不可能获得整个市场，或者至少不能以同一方式吸引住所有的购买者，因为消费者实在太多、太分散，而且他们的需要和购买习惯不尽相同。每个企业必须找到最适合自己的那一块蛋糕。处于竞争劣势的品牌也只有根据市场需求、竞争对手劣势和自身优势确定自己的细分市场，才可能寻找到自己的立身之地。

不是所有细分后的市场都能成功，市场细分必须建立在充分的市场调查的基础之上。细分也不应当遵循同一标准，应当从不同角度进行细分，找出适合自己的市场。常用的细分变量有地理、人口、心理和行为变量。地理变量有城市与农村、南方与北方、北京与山东等，人口变量有性别、年龄、家庭、婚否、职业等，心理限量有上中下阶层、生活方式、个性等，行为变量有消费场合、用户状况、使用频率、购买能力等。市场细分是差异化的基础，在细分后应当进行目标选择和定位。

（二）策略划分

品牌营销策略划分为差异化、生动化和人性化三个方面。

1. 差异化

差异化比较容易理解。我们认为，无论什么性质的差异化，都要在盘活多种营销资源的基础上，充分考虑竞争者和顾客的因素。因为采取差异化策略的根本目的是营造比对手更强大的优势，最大限度地赢得顾客的认同。从这个角度出发，我们对其的了解就比较清晰，其形式包括：

（1）定位差异化。定位差异化主要包括品牌定位、行业角色（竞争导向）等。

（2）执行差异化。执行差异化主要包括与顾客沟通模式差异化（需求导向）和营销执行体系、机制、人员配置等差异化（竞争导向）。

（3）个性差异化。个性差异化主要包括产品包装、附加服务、品牌个性差异化（需求导向）以及品牌名称、角色、卖点等差异化（竞争导向）。

2. 生动化

动态品牌营销所强调的生动化，指的是围绕产品所展开的一切推广手段、方法和模式都要从过分的商业促销中走出来，要从全民参与角度出发，强调趣味性、娱乐性和互动性，在活泼中融入个性；同时，强调双方保持协同一致，在交流沟通过程中增加理解、友好等动态平衡元素。过去，许多企业打着让利、惠民的旗号，动辄免费、赠送、大奖等噱头，名头虽然很响，但响应者寥寥无几，即使是有人参与，也不外乎冲着商家承诺的稍许好处，凑个热闹而已。对于产品品牌销量的提升，除劳命伤财外，可以说没什么作用。相反地，举行的一些为大众喜闻乐见的有意义的公益活动，如有奖征集与产品主题有关的广告用语、征文、书法作品、人生感言等，反倒可以快速提升产品的知名度与美誉度。这就是以最小的代价获得最大的效果。

3. 人性化

动态品牌营销强调产品营销要自始至终围绕人性和亲情的主题来开展，变"请进来"为"走出去"。以往的企业也常号称售后服务，定期跟踪，定期回访，但是像这种隔着条电话线的沟通方式，远远满足不了消费者越来越挑剔的消费心理，也很难达到双方信息接受和反馈上的动态平衡，而走进消费者身边倾听消费者心声，和其进行心贴心的亲情化沟通，不仅满足了消费者的心理需求，而且满足了消费者的精神需求。一旦这两方面都得到了平衡和满足，还担心消费者不成为产品的忠诚客户吗？

（三）独辟新径

当市场趋于饱和、相对成熟的时候，产品和营销方法都不断趋于同质化，市场细分的难度增加，竞争的难度也随之升级。劣势品牌在行业成熟期脱颖而出的机会减少，难度增加。而许多企业选择了另一条路，创造一个市场并牢牢地控制这个市场。抢先法则认为，发现一个新市场并迅速占领它比什么都重要。

（四）借船出海

借船出海就是策划人常讲的借势，借助其他事物、人员和组织良好的知名度、美誉度、信任度和关注度，把这些优势合理地转移到自己的品牌上，以便快速地促进销售。经常借助的资源有公有资源、知名企业、重大事件、知名人物等。

例如，龙口粉丝具有三百多年的悠久历史，不但名誉九州而且在世界上都有很高的知名度，在许多消费者眼里龙口粉丝是优质粉丝的代名词。龙大集团凭借"龙口粉丝，龙大造"，顺理成章地把龙口粉丝的知名度、美誉度和忠诚度转移到龙大粉丝身上。借势策略成就了龙大粉丝行业霸主的美梦。龙大粉丝的成功是借助区域公有资产，而天堂伞业的成功是借助城市的名气。天堂伞业的经典广告语是"真想有把天堂伞，杭州天堂伞业"。"上有天堂，下有苏杭"，杭州是全国闻名的美城，可与天堂相提并论。天堂伞业把杭州的美丽、天堂伞的美丽和女性消费者渴望美丽的心理巧妙地结合在了一起，赋予品牌很美的联想空间。

借助名人的名气也是许多品牌成功的法宝之一。企业惯用的手法是聘请名人做形象代言人，许多品牌屡试不爽。连一向保守的汇源果汁都聘请韩国著名影星作为形象代言人，为其品牌推广摇旗呐喊。聘请代言人除了邀请影星、歌星、笑星、体育明星等公众人物外，还可以邀请专业人士或普通员工做代言人，但需要系列包装。另一种名人借势的方法是借助名人在行业内的影响发展相关行业，比较成功的如李宁运动服和杨澜的阳光文化。还有一种方式是与名人合作开发名人资源，预计这种模式将来会成为一种发展主流。

（五）集中优势

领导品牌表面上看来不可一世、无懈可击，其实，领导品牌企业灵活性不如小企业；不同区域市场发展不平衡；产品线较长，不同产品间发展也不平衡；领导品牌因为要考虑全国市场，很难根据当地情况开发合适产品、制订合适营销策略。在理论上，领导品牌为劣势品牌留下了足够的空间，这也是许多中小企业健康发展的根本原因。劣势企业只有善于发现领导品牌的弱点，寻找到合适的商机，才能发挥自身优势使品牌得到迅速扩张。劣势企业一般可支配的资源有限，只有集中优势采取"个个击灭，步步为营"的策略，才能在残酷的竞争中立足、发展。常用的集中策略有集中市场、集中产品和集中专长三种模式。

集中市场把它做透，不但能尽量减少营销失误，而且能为日后大规模推广积累宝贵的营销经验。因为新产品上市存在许多不确定性，需要检验营销方案，需要磨合营销队伍，需要调整营销政策，需要调整管理模式等。处于竞争劣势的企业本来资源有限，如果再把有限的资源分散，市场竞争力就会大打折扣。许多企业一味贪大求全，动辄启动一个省，甚至全国市场，反而败得一塌糊涂。即便实力雄厚的企业都非常注重区域试点工作。如脑白金在启动全国市场前，在江阴一个县级市场花费了一年零三个月时间做试点工作，试点工作为日后大规模市场克隆、扩张奠定了基础。

（六）出奇制胜

喜新厌旧、追求新奇是人的一种天性，新奇事件犹如导火索。一旦点燃某个话题，必然引起社会的高度关注，进而引起全社会的讨论，最终在消费者心中留下很深的印象。

新奇品牌策略的操作难度：一是创意，二是结果控制。创意的新奇程度决定了事件的关注度和推广效果。由于社会上对新奇事件看法不一，竞争对手的反应和对策以及媒体报道方向等因素，新奇事件一旦发生结果很难预测。因此，在策划新奇事件时要注重过程控制和迅速反应，防止产生负面效应，影响品牌形象。

（七）品牌延伸

品牌延伸，是指一个现有的品牌名称使用到一个新类别的产品上。而品牌延伸策略是将现有成功的品牌用于新产品或修正过的产品上的一种策略。品牌延伸并非只借用表面上的品牌名称，而是对整个品牌资产的策略性使用。随着全球经济一体化进程的加速，市场竞争愈加激烈，企业之间的同类产品在性能、质量、价格等方面强调差异化变得越来越困难。企业的有形营销威力大大减弱，品牌资源的独占性使得品牌成为企业之间竞争力较量的一个重要筹码。于是，使用新品牌或延伸旧品牌成了企业推出新产品时必须面对的品牌决策。品牌延伸是实现品牌无形资产转移、发展的有效途径。品牌也受生命周期的约束，存在导入期、成长期、成熟期和衰退期。品牌作为无形资产是企业的战略性资源，如何充分发挥企业的品牌资源潜能并延续其生命周期便成为企业的一项重大的战略决策。品牌延伸一方面在新产品上实现了品牌资产的转移，另一方面又以新产品形象延续了品牌寿命，因而成为企业的现实选择。

品牌延伸应当注重延伸的范围，不应造成负面影响。不当的品牌延伸不但不利于新品推广，而且有可能连累到品牌母产品。

有许多知名企业都犯过类似的错误。张裕集团是我国葡萄酒专家，海尔是大家公认的电器名牌，可海尔强推的海尔药业消费者并不买账。我国南方某制鞋名牌企业推出了内衣，消费者在使用这种内衣时是否担心脚气传遍全身？

品牌延伸另一件比较重要的事情就是事先在相关领域注册同一商标，为日后品牌延伸留下空间。否则商标可能被其他企业恶意抢注，不但为品牌延伸设置了障碍而且可能因为其他企业不良经营危及品牌。

多个产品使用同一品牌尽管具有多种优势，但同时存在株连隐患，因此应当选择优秀的产品使用该品牌,并且做好品牌管理工作,防止"一块臭肉带得满锅腥"的情况出现。青岛啤酒的子品牌扩张策略值得借鉴。青岛啤酒在全国收购多家啤酒企业,在品牌使用上统一采用"青岛啤酒+地方品牌"的策略,既借助了青岛啤酒这一名牌,又为日后地方品牌损及青岛啤酒设立了一条防线。

(八)抢注名牌

一个好的品牌名称是品牌被消费者认知、接受、满意乃至忠诚的前提,品牌的名称在很大程度上影响大众对品牌的印象,并对产品的销售产生直接的影响。品牌名称作为品牌的核心要素甚至会直接导致一个品牌的兴衰。因此企业在一开始就要确定一个有利于传达品牌定位方向,且利于传播的名称。品牌命名应当遵守以下三大原则:易记易读原则、功能暗示原则和品牌联想原则。

品牌是一种无形资产,具有联想性。物质方面的品牌联想涉及产品的特点、价格、使用者、使用场合、购买便利性、消费者利益点等;心理层面的品牌联想是指品牌的个性,即品牌人格化,包括年龄、外貌、性格、阅历、籍贯等。

我国现行商标法规定了商标要按不同行业分别进行注册。许多企业往往忽视相关行业领域商标的注册,为自己留下了隐患,也为其他企业抢注留下了空间。如果弱势品牌能找到名牌产品的"死点",通过合法途径在其他相关领域抢注名牌商标是最好的品牌速成策略。

(九)他山之石

现代社会信息交流的速度太快,同行业之间不但产品同质化,而且营销也同质化。如何寻找更新的营销思路以求突破?借鉴其他行业的先进营销经验是一种有效的方法。中国许多行业之间营销水平差距较大,一般竞争激烈的行业营销水平也相对较高,如家电、通信、医药保健品、日化等行业。这些行业营销操作难度较大,营销人员工资水平较高,集中了许多营销精英。先进营销行业往往思维超前,有许多宝贵的经验。例如,保健品行业的概念营销、软性宣传等手法在业内司空见惯,如果其他行业借鉴这一手法可能会取得意想不到的效果。再如,家电行业一直注重品牌VI和品牌长期建设,如果其他行业借鉴这些经验,可能会延长自己的品牌寿命。

(十)网络品牌

因为不同行业有不同行业的现状,有不同的行业规则,所以借鉴其他行业先进经验不是简单的复制,而是应当吸收其他行业先进思路的精华,根据自身行业特点和企业资源状况,制定合身的品牌策略。

事实上,品牌建设远没有想象中那么复杂。尤其是信息时代的来临,网络覆盖了人们生活的方方面面,网络已经成为人们工作生活不可缺少的信息平台。除了传统的营销方式外,不少企业也参与网络营销,这为中小企业品牌建设提供了一个绝好的机会。利用网络建设品牌,不仅低投入、高回报,而且具有覆盖面广的特点。中小企业想要使用网络构建品牌,主要还得遵循以下几大原则。

1. 清晰的品牌诉求

中小企业在构建品牌时，先要明确企业想要构建哪种品牌文化，为建设品牌营造一个良好的开端。品牌故事、品牌文化、品牌精神这些都是品牌诉求，想要做好品牌建设需要一个系统性且清晰的品牌诉求。每一个品牌的生命周期都包括诞生、成长、成熟三个阶段，所以要在最短的时间内由内到外向消费者传达品牌的价值以及能够带给消费者何种利益，直接向消费者阐述品牌观点，这就是品牌的理性诉求，也被称为功能性诉求。

2. 网站定位要准确

中小企业很多在网站的定位上模糊，导致网站不被消费者了解。网站的定位要以市场需求作为目标来建设网站。有市场需求，证明有用户搜索相关信息，满足了用户需求的同时，企业更可以向消费者推销自己的企业，进一步加强品牌文化的建设。同时，还需分析竞争对手网站的规模和特点，针对对方的不足，以此来完善自己的网站，也可以借鉴竞争对手网站的突出点，更进一步加强自己的网站的优势。

3. 制定品牌传播策略

中小企业在制定品牌传播策略时，需要特别注意的是，品牌的建立绝非一朝一夕，品牌的建设有赖于企业长久的坚持与推广。而且企业在进行品牌建设时，不应只看重眼前利益，而应以品牌的长远发展为出发点。

（十一）新闻公关

新闻公关也是一种有效低成本扩张的品牌策略。新闻宣传的权威性是任何品牌传播方式无法比拟的，新闻宣传对树立企业品牌形象和建设品牌美誉度都非常重要。此外，许多公益新闻事件还有利于处理企业与政府、公众、社团及商业机构的关系。此外，新闻还具有转载、转播等独特性。新闻宣传要求必然有一定由头，对于企业来说新闻由头产生于企业策划的新闻事件。策划新闻的手法常用的有事件营销和关系营销。

事件营销，是指企业在真实、不损害公众利益的前提下，有计划地策划、组织、举办和利用具有新闻价值的活动，通过制造有"热点新闻"效应的事件，吸引媒体和社会公众的注意与兴趣，以达到提高社会知名度、塑造品牌良好形象，和最终促进产品或服务销售的目的。

关系营销则认为，要正确处理企业与竞争者、供应商、经销商、社区、政府机构和消费者等相互之间的关系。它谋求的是兼顾双方利益的、紧密的、稳定的长期合作关系。关系营销的四个特征是双向沟通、合作、双赢、反馈。新型冠状病毒肺炎爆发期间国内知名企业纷纷用捐款、捐物等形式支持抗击新型冠状病毒肺炎，在公众和政府面前树立了良好的企业和品牌形象。

以上十一种品牌策略只是为了阐述的方便才人为将其分类，其实不同品牌策略之间有时相互依存、相互联系，如新闻公关要注重出奇制胜，关系营销也常常借助重大事件。此外，一个品牌在运作时往往同时使用多种策略。

第二节　事件营销

一、正确运用事件营销

（一）认识事件营销

事件营销是指企业通过策划、组织和利用具有新闻价值、社会影响以及名人效应的人物或事件，吸引媒体、社会团体和消费者的兴趣与关注，以求提高企业或产品的知名度、美誉度，树立良好的品牌形象，并最终促成产品或服务的销售手段和方式。

事件营销是国内外十分流行的一种公关传播与市场推广手段，集新闻效应、广告效应、公共关系、形象传播、客户关系于一体，如图5-1所示，并为新产品推介、品牌展示创造机会，建立品牌识别和品牌定位，形成一种快速提升品牌知名度与美誉度的营销手段。事件营销在网络环境下如鱼得水。

图5-1

运作事件营销时有三点注意事项：

（1）企业运作事件营销的动机和过程必须是合法的。事件营销以在真实和不损坏公众利益的前提下开展，是一种注重社会公德和社会责任的营销活动。

（2）事件营销的着眼点在于制作或者放大某一具有新闻效应的事件，以期让传媒竞相报道进而吸引公众的注意。

（3）事件营销的目的是提高企业知名度，塑造良好的企业形象，并最终促进产品或服务的销售。

（二）正确运用事件营销

1. 分析企业和产品的定位，看自己是否具有足够的新闻价值

（1）企业本身是否足够引起媒介的关注。

（2）企业是否代表了某个领域，而这个领域与新闻媒介关注的方向保持一致。

假如企业可以充分引起公众的好奇，那就必须处处小心，因为企业的所有举动都有可能成为新闻。这样的企业做起事件营销取得成功的机会也会大得多。

2. 要与企业形象保持一致

事件营销分析见表5-2。

表 5-2 事件营销分析表

项目	分析评价
背景	20世纪80年代瑞士手表几乎被廉价、数字式的日本表（西铁城、精工等品牌）摧垮，日本表代表了新的消费潮流、时尚，更适合低收入的年轻人，而他们是第二次世界大战后经济的大众消费主力军。 Swatch总裁哈耶克彻底颠覆了传统手表制造业的原则，赋予瑞士手表新的内涵：附件、风格、时尚
产品定位	新时代，手表不是计时工具，也不是身份地位的象征，更不是工艺传统决定的行业，而是新设计理念和时尚决定的行业。 时尚成为新的手表设计的价值所在，风格成为品牌个性的根源理由。 附件，也就是为手表增加各种附件，配成以手表为中心的新潮时尚服饰，能为企业带来更丰厚的利润链
后续事件营销	（1）建立Swatch俱乐部，为俱乐部会员特制产品。 （2）限量发行，保持稀缺性，从而维持了价值。 （3）年度主题性设计，每年都有新款，使得大批拥趸年年购新品。 （4）建立专卖系统，在美国波士顿的哈佛广场建立起了1500平方英尺的专卖店，年销售额达到了100多万美元。 （5）为品牌寿命很短暂的Swatch建立博物馆，其实是建设品牌文化，使品牌迅速成为一种时尚经典
成功原因	广泛地引起新闻媒介的关注。这一事件营销之所以成功，并不是因为Swatch选择了欧洲最大的银行大厦，或者它悬挂了最大的条幅，而是因为它本身就是瑞士手表的代表，是引人关注的一个对象，因为它代表了瑞士表业发展的一个方向

3. 进行事件营销的企业必须谨小慎微

对非常美好的事物而言，发生在它身上最大的新闻是什么呢？就是它并不美好。

同理，在事件营销中，最能引起注意的新闻往往是关于这个企业或产品并不美好的报道。这也是很多企业在进行事件营销中惯用的"负面报道"伎俩，如"吃垮必胜客""封杀王老吉"等事件营销。

但是，必须慎用正话反说的事件营销炒作方法，否则事件营销之后的效果很可能是企业被反事件营销。

4. 要有选择地向媒体透漏信息

事件营销的成功在于成功借势，其关键是快速反应、精准策划、有效施行、强力监控。因此在事件营销中，企业只要做好事件发起，控制好事件发展的方向，保持一定的神秘感，其他的就交给新闻媒体、网民就可以了，要充分发挥网络媒体的作用。

二、制造新闻事件

（一）新闻的含义和特点

新闻，是指报纸、电台、电视台、互联网等各种媒体经常使用的记录社会、传播信息、反映时代的一种文体。

传播速度快是新闻营销最大的优点，缺点就是时效太短。所以网络新闻事件营销就是借助互联网传播的裂变效应，在最短的时间内能产生最好的营销效果。

企业网络新闻传播就是借助大众媒体，以新闻报道的方式把企业目标信息传播出去。

（二）新闻事件传播的优势

新闻传播对企业市场推广具有什么意义？为什么越来越多的企业重视新闻传播？与广告相比，新闻宣传到底有什么独特的优势？大量的企业新闻传播告诉我们，和传播广告相比，新闻具有五大明显的优势。

1. 新闻具有及时传播特性

一个企业发生了具有对外宣传价值的重大事件，就必须在第一时间把信息传播出去，否则就失去了新闻价值。因此，只有启动新闻传播才能实现这个目的。例如，联想收购了美国国际商用机器公司（International Business Machine，IBM）的个人计算机业务、苹果发布了新款手机 iPhone 12 等，这些重大的企业事件都是通过新闻抢先发布出去的。

2. 新闻具有完整阐述的功能

广告本身具有的属性决定了它不可能采用说理或陈述的方式来表现，但是新闻可以用文字把一件事说得明明白白，因此，新闻事件报道可以把企业要传达的目标信息表达得更准确、详尽。

3. 新闻具有危机公关功能

很多企业在发生危机事件后都会第一时间启动新闻事件报道，充分发挥新闻报道的及时、真实的特点，便于树立信任感，这是广告无法比拟的。例如，康泰克在国家公布禁止使用苯丙醇胺的第一时间立即组织新闻报道：执行政府暂停令，向政府表态，坚决执行政府法令，暂停生产和销售，停止一切销售活动。这一危机公关的新闻事件报道得到了消费者的理解和信任。

4. 新闻具有高性价比的优势

一般说来，同样版面的企业新闻事件传播成本只有广告的五分之一，甚至更低，新闻事件传播比广告具有高性价比的优势。这就是为什么很多企业很少投放广告而喜欢炒作新闻事件。例如，著名微波炉品牌格兰仕习惯采用新闻事件营销而很少投放广告。

5. 好新闻具有二次传播的特性

所谓二次传播，就是一个媒体首先发出新闻，其他媒体纷纷转载。这样的事情屡见不鲜。但是，绝对看不到这样的情况：一个广告因为设计得好而被其他媒体转载。

（三）从争议话题开始新闻营销

网络新闻事件一般选择从争议话题开始，从而引起大家的广泛关注。

1. 接受真实的你——多芬：真美运动

近年来成功的事件营销都是以争议话题为由头唱反调，在多芬的"真美运动"事件中，户外广告和网络媒体宣传的人物并不是如花似玉、貌美年轻的女人，而是满脸皱纹的老人，如图5-2、图5-3所示。

图5-2

图5-3

海报中，英国奶奶美丽地微笑着，上面写着"有皱纹真美"，蓄意地传达出多芬倡导的"希望女人更乐于接受自己的真实面孔，而不是重重化妆品包裹出来的幻象"的理念。"真美运动"在全世界各地上演，并且越演越烈，带来的效益就是多芬的全球销量迅速增长。

2. 表达不满——吃垮必胜客

"吃垮必胜客"的帖子在网络上疯传。因为必胜客的沙拉价格很贵，而用来盛装沙拉的盘子很小，幕后操盘黑手在网络上表示对其高价不满，并提供多种盛法，打造盘中"沙拉的金字塔"。

看到此帖后，吃过的人感觉新奇有趣，没吃过的跃跃欲试。就这样，你来我往的网络上竟然掀起多种"沙拉的金字塔"的样式，其建筑技巧也在不断地被创新。

随着帖子点击率的急速飙升，这样一个唱反调的事件营销最终使必胜客的顾客流量迅速增长。这一事件营销的成功关键就在于对消费者"不满"时机的把握恰到好处。利用所有人的猎奇心理，完成了一次漂亮的时间营销。

3. "昧良心"说话——"封杀王老吉"

2008年5月18日，在为四川汶川大地震举办的赈灾晚会上，王老吉公司向地震灾区捐款1亿元，此举让含着眼泪收看晚会的全中国电视观众赞叹不已。王老吉是一个民营企业，1亿元的数额有可能是企业一年的利润，企业如此慷慨的行为让所有人为其叫好。

图 5-4

然而没多久，网络上就出现"让王老吉从中国的货架上消失！封杀它！"的帖子，在这样的风口浪尖，到底是谁敢"昧良心"地说话。当仔细阅读后发现，该帖子是醉翁之意不在酒："一个中国的民营企业，一下就捐款1个亿，真够狠的！平时支持的那些国外品牌现在都哪儿去了，不能再让王老吉出现在超市的货架上，见一罐买一罐，坚决买空王老吉的凉茶！"

就这样一个封杀帖，一时间出现在所有知名网站、社区、论坛和博客，一时间，王老吉在多个城市终端都出现了断货的情况，如图5-4、图5-5所示。

图 5-5

以上三个案例都设定了一个有争议的焦点，制造出不合乎常理的焦点，当把人们的目光都转过来的时候，又娓娓道来、有理有据地将争议化解，变成一场事件营销的全民运动，从而达到事件营销的巅峰。

（四）选择权威性网络新闻媒体

新闻媒体具有一定的权威性，一篇稿件发布在新浪等一些大型的门户网站上，和发布在不知名小网站上的效果是截然不同的，这也是很多企业争当门户网站头条的原因。

（五）正确处理和媒体的关系

新闻事件营销和新闻媒体之间有着不可分割的依存关系，新闻媒体运用得当并且与企业合作愉快，企业会获得非同凡响的宣传效果。企业应该主动把握新闻媒体的运作规律。企业与新闻媒体是相互依存的关系如图 5-6 所示。

图 5-6

事件营销成功的关键因素都聚焦于新闻事件本身，而制造和报道事件的主体则落在了新闻媒体上。新闻媒体具有重要的导向作用，新闻事件必须依赖新闻媒体。企业要充分认识到这一点，与新闻媒体保持融洽的关系，才能达到预期的效果。

（六）跟踪新闻事件

新闻事件发布以后，就像引爆一颗炸弹一样，谁都无法预测到会发生什么事，要让企业的每次营销活动都做到极致，就要关注一些细节的变化。如从受众的数量和特征，活动的知名度、好感度，媒体和受众的态度等方面收集相关信息，建立反馈及效果评估机制，为本次活动的及时跟进和下次活动的更好进行打下基础。

第三节　企业网站宣传方案的制作

一、编写企业网站形象宣传方案

（一）优化企业网站建设方案

客户往往通过浏览企业的网站留下对该企业的第一印象，因此，企业网站的建设要具有赏心悦目的页面色彩和布局、舒雅难忘的背景音乐、一看就懂的功能介绍、一目了然的必要信息情况、简单易做的操作流程、及时热情的在线咨询、亲切温馨的交互性设计等，突出专业性和实用性。

网站编辑应该定期观察公司网站的整体风格和内容，参照、借鉴国内外优秀网站，及时提出更新方案，增强网站美感、时代感，增强网站功能，强化客户体验享受，如图 5-7 所示。

图 5-7

（二）编写企业形象宣传美文

编写与宣传有关的企业文化、理念、发展蓝图、企业实力、网站地图、网站用户评价、地域分布、优势、媒体报道、开展活动等单项或综合性的宣传美文，通过搜索引擎、论坛、博客等推广方式进行宣传。

例如，海尔集团网站（www.haier.com）2018 年 12 月更新的关于海尔的介绍如图 5-8 所示。

海尔集团通过百度百科进行的宣传如图 5-9 所示。

海尔集团在奥运会期间进行的形象宣传如图 5-10 所示。

网站内容编辑

图 5-8

图 5-9

第五章　网络品牌文案写作

图 5-10

海尔集团通过百度竞价排名进行企业网站形象宣传如图 5-11 所示。

图 5-11

网站在发展过程中，会发生很大变化，有很多数据都需要更新。试想，如果连一篇简单的"关于我们"的企业介绍都编写不及时，会给了解企业的客户留下什么印象呢？网站中需要及时更新的界面如图 5-12 所示。

智慧家庭	个人与家用产品	商业解决方案	购买与服务	关于海尔	友情链接
智慧首页	冰箱	中央空调	产品导购	海尔品牌	智慧生活体验馆
智家方案	冷柜	商用冷柜	产品购买	投资者关系	创客实验室
智慧家电	冰吧	商用洗涤	服务与支持	品牌资讯	COSMOPlat平台
生活资讯	酒柜	商用电视	会员尊享		海尔创意平台
智慧体验店	洗衣机	商用电脑			
	空调	U-home			
	电视	商用净水设备			
	热水器	商用热泵			
	厨房电器				
	电脑及外设				
	小家电				

图 5-12

二、编写企业网站主营业务宣传方案

（一）编辑网站页面主营业务宣传内容

主营业务是指企业为完成其经营目标而从事的日常活动中的主要活动，可根据企业营业执照上规定的主要业务范围确定。主营业务范围的内容一般包括经营范围、经营种类、产品线、产品类别、产品系列等。

网站主营业务首先表现在网站首页上，网站编辑要结合网站的运营情况，合理设计网站主营业务导航结构、表现方式及具体内容，以便客户浏览，突出主营产品，一目了然。

例如，戴尔网站将主营业务通过首页页面全景展示，效果突出，给人的印象深刻，如图 5-13 所示。

图 5-13

同时，戴尔网站通过下拉菜单进一步展示具体单项业务内容，导航分类明确，结构清晰，如图 5-14 所示。

图 5-14

对于主营业务较多的网站也可采用多种形式展现，如图 5-15~ 图 5-18 所示。

图 5-15

图 5-16

图 5-17

图 5-18

（二）编写网站主营业务宣传推广内容

除了在公司网站首页进行主营业务展示外，还需要编写主营业务的宣传文案，进行多种形式的站外推广。

1. 关键词推广

关键词推广就是利用关键词在搜索引擎中的排名进行推广的方式，具体可以分为关键词自然排名以及各种搜索引擎提供的关键词竞价排名服务两种方式。

（1）关键词自然排名是利用长期总结出的搜索引擎收录和排名规则，一般可以通过SEO优化技术来达到关键词排名提升的目的。

（2）关键词竞价排名服务是由搜索引擎提供的一种有偿排名服务，百度的竞价排名就是其中的一种。

例如，唯品会通过百度的竞价排名位于"唯品会"等类似关键字排名第一位，从而推广企业网站的"名品尾单折扣"主营业务，如图5-19所示。

图 5-19

例如，京东商城通过百度竞价排名推广家用电器等主营业务，如图5-20、图5-21所示。

图 5-20

图 5-21

例如，山姆会员店通过百度竞价排名进行高端会员商店主营业务的竞价排名，如图 5-22 所示。

图 5-22

2. 文库类推广

文库类推广就是通过将文档或者各种格式的图片上传到文库类网站中，并插入网站的网址，为网站带来非常优质的外连。文库类网站由于不设篇幅的限制，更便于详细介绍企业网站主营业务的具体内容。

文库类网站从网站规模上来看，已经发展到了相当的内容和流量规模，已成为网络推广的重要阵地。著名的文库类网站有百度文库、豆丁网、360 文库等。

例如，山姆会员商店主营业务在百度文库中的推广内容，如图 5-23 所示。

图 5-23

3. 网址导航类网站推广

网址导航类网站是将各种类别的网站按照人们习惯查找的类别进行收藏。目前很多浏览器也都具有网站收藏的功能。

第五章　网络品牌文案写作

采用网址导航类网站进行网站主营业务的推广，客户会在使用浏览器的第一时间快速查找到与企业有关的信息。

例如，山姆会员商店通过官网大全（http：//guanwangdaquan.com）收藏了网址，进一步展示网站主营业务内容，如图5-24、图5-25所示。

山姆会员网上商店 - 官网大全将带你进入真正的山姆会员网上商店
2017年11月13日 - 山姆会员商店(Sam's Club)是全球知名零售商——美国沃尔玛(Wal-Mart Stores, Inc)旗下的会员制商店,为会员提供高品质,低价格的商品和独家尊享的优质...
https://guanwangdaquan.com/sam... ▼ - 百度快照

图 5-24

>> 山姆会员商店（Sam's Club）是全球知名零售商——美国沃尔玛（Wal-Mart Stores, Inc）旗下的会员制商店，为会员提供高品质，低价格的商品和独家尊享的优质服务。目前全球有700多家山姆会员商店，为超过5000万名的会员服务，满足他们的家庭和商业购买需求。山姆所销售的商品均由山姆采购精挑细选，属国内外的一线品牌商品，源自最佳产地，拥最高等级，当中不乏进口和独家销售的商品。新鲜食品大多采用进口原料自制，食品安全达一流标准。第一家山姆会员商店于1983年在美国俄克拉荷马州成立，其后拓展至美国、加拿大、波多黎各、墨西哥、巴西、中国多个国家。山姆会员商店于1996年引进入中国，目前中国已有多家山姆会员商店。山姆会员商店的实体店购物环境极佳，每一家实体店的营业面积超过一万平方米，商场内宽敞舒适，货架整齐，标价清晰。实体店另设超大停车场，部分更提供不设额度和时间的停车服务。于2010年底和2011年5月，山姆会员商店更先后于深圳和北京推出网购服务。只要到访www.samsclub.cn，山姆会员即能免费开通网购账户，在线选购山姆优品，享受送货上门服务。山姆网购服务的省心便利一直获得会员的高度评价。2012年4月，山姆会员商店更被中国电子商务协会授予"中国互联网电子商务诚信示范企业"。山姆会员网上商店地址及相关网址资源如下：

图 5-25

知识回顾

本章主要介绍了企业网站的宣传和推广，可以通过品牌营销和事件营销的方式来对企业和企业的产品进行推广。在这一过程中，还要注重对企业网站宣传方案的撰写，从而实现营销的最佳效果。

通过本章的学习，学生要掌握企业网站宣传方案的撰写方法，能够利用品牌营销和事件营销的方式来达到推广的目的。

课后练习

1. 什么是品牌营销？
2. 品牌营销的策略都有哪些？
3. 新闻事件传播有哪些优势？

4. 企业网站宣传方案的撰写需要注意哪些问题？

京东爱情故事

奶茶妹妹我想大家都不用说了吧，清纯的外表是多少宅男的偶像，而且奶茶妹妹与东哥之间的爱情故事每次都占据各大头条。

2015年，京东霸道总裁刘强东与奶茶妹妹章泽天的爱情故事，每一个小细节都会引起朋友圈的疯传，赚足了网友的关注。不管是"领证门""结婚门"还是"孕照门"，可谓是一波接着一波，活生生将电商圈玩成了娱乐圈。但是，多亏了媒体和网友们的关注，京东的股价在那一年一直大涨。

虽然奶茶妹妹嫁给东哥分不到什么财产，不过因为东哥娶了这样的老婆，获得了媒体的关注，于是整个京东的股价就一直大涨。总体说来，东哥这个老婆娶得值。

对于京东公关团队设计的这一系列炒作事件，笔者总结出事件营销的三个要点：事件炒作话题要具备全民性、适度性、持续性。

试想一下，如果没有奶茶妹妹的陪衬，如果没有奶茶妹妹和刘强东一波三折的爱情故事，在不砸重金的情况下，京东以及刘强东本人的火热关注度能陆陆续续维持一两年？这都是企业事件营销套路。

网络主题活动的策划

【知识目标】
1. 了解活动主题的知识。
2. 了解不同节日活动策划的方法。
3. 了解线上线下策划的知识。
4. 明确活动主题策划的要素。

【技能目标】
1. 能够策划"双十一"主题活动。
2. 能够策划春节主题活动。
3. 能够策划店庆主题活动。
4. 能够成功策划线上线下互动主题。

【知识导图】

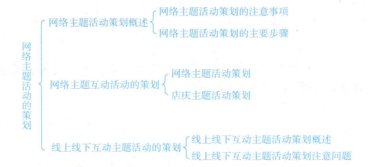

网站内容编辑

> **案例导入**
>
> **大促是"放大器"**
>
> 　　京东的"沙漠行动"、当当的"斩首行动"、苏宁易购的"国庆大惠战"、国美库巴网的"夜总惠",一波波折扣大战在国庆期间激烈上演,不过似乎都抵不过一个月之后淘宝商城的"双十一"大促来得凶猛。
>
> 　　2011年10月10日,笔者与13家品牌商开了一次内部会议,会议主题就是一个月之后的"双十一"大促。
>
> 　　据了解,包括顾家家居在内的这13家品牌即将在此次大促中主场作战。不久之后,在为"双十一"活动造势预热时,人们还可以看到淘宝商城携手这13家品牌商的央视广告。
>
> 　　作为2011年"双十一"大促的总负责人,乔峰已经记不清这是为"双十一"大促开的第几次会了。
>
> 　　在过去的一段时间里,他每天要马不停蹄地与各大品牌商商讨,与淘宝商城各个部门开各种大大小小的头脑风暴会。
>
> 　　正如1号店原服装鞋帽产品运营总监、大服饰零售行业专家顾波先生所说,走B2C商业模式的淘宝商城已拥有了数以万计的各行业优质网商,要策划并落实一个全站性的大促活动,必有很大一块精力将耗费于沟通上。基于各类商家之间的行业特色差异、运营实力差距,唯有保持一个高效无间的沟通机制,才能不断协调商家们的参与目的、配合程度等核心需求。这就需要所有部门倾尽全力提前通过压力测试来检验提升商家售前备货、售后服务等各节点的运营能力,并对网站系统的流量承载、订单支付、物流配送等关键点提前做均衡优化,以保证大促中的用户购物流程对接顺畅,完善用户服务体验。
>
> 　　2011年9月38家主流电商集体进入淘宝之后,淘宝商城的市场地位暂时达到一个巅峰。
>
> 　　**分析**:"双十一"大促与传统促销在实质上并无二致,只不过淘宝商城就像个放大器,将促销效果发挥到了一个登峰造极的地步。

第一节　网络主题活动策划概述

一、网络主题活动策划的注意事项

（1）主题应尽可能明确清晰,在内涵把握上要深入、准确,在表述的形式上要明确清晰。

（2）主题还应具有统一性，这有两重含义：一是主题要和网络产品定位、网络市场定位吻合，要无悖于企业网络营销的统一战略思想；二是指在同一产品定位或同一企业需保持主题上的一致性或系列性。

（3）最重要的是，主题应贴近潜在顾客的消费心理，能引起他们的充分注意，并促成他们的购买行为，从而实现目标。一般认为，主题策划就是为消费者寻求购买理由，因此充分重视消费者心理的研究就显得十分重要。策划者应该从引起注意、刺激欲望、加深记忆、坚定信心等方面多加考虑。

二、网络主题活动策划的主要步骤

为了保证网络主题活动策划工作的质量，网络主题活动策划实现必须按照一定的程序或步骤进行。只有保证工作质量才能保证工作结果的质量。特别是网络主题活动策划是一项创造性工作，只有通过规范的工作程序，才可能策划出合适的方案。网络主题活动策划从营销方案的构思、实施到评价有一整套规范程序和科学方法。网络主题活动策划通常包括以下几个步骤。

（一）收集资料

收集资料是策划的初始阶段，也是策划的基础。收集资料可以分成两个部分，即第一手资料的收集和第二手资料的收集。

第一手资料的收集包括进行市场调查，召开座谈会、服务介绍会等。第二手资料的收集包括查找文献、统计报表、财务报表、经营计划等。一般来说，二手资料看趋势，一手资料看具体情况和验证二手资料的真实性。收集资料既包括对现状资料的收集，又包括对历史资料的收集，因为对历史资料的了解可以看出事物变化发展的轨迹，有助于营销方案的制订。

（二）分析资料

对于收集的各种资料要进行系统整理、仔细分析。通过分析，从繁杂的数据中归纳出问题所在，理出头绪，把握住企业所处营销环境的真实状况。资料分析还要对今后的发展趋势与方向做出预测。

（三）确定策划目标

根据现有资料信息，判断事物变化的趋势，确定可能实现的目标和预算结果。目标设计要使人感到有的放矢，切实可行，明确具体，这也可以称为目标设计的基本原则。

（四）设计有效方案

方案设计是网络主题活动策划的关键阶段，它的好坏决定了营销策划成功与否、质量高低，因为网络主题活动策划的核心内容体现在营销目标与方案的设计上。对于网络主题活动策划经理来说，其主要精力与策划重点应放在这一阶段，人们需要运用各种不同的思考方法进行构想。策划在本质上是一种运用脑力的理性行为，是关于整体性和未来的策略

规划，必须经过从构思、分解、归纳、判断，一直到拟定策略、方案的过程。根据策划目标来设计、选择能产生最佳效果的资源配置与行动方案。

（五）相关费用预算

费用预算是指为了达到营销目标而实施营销方案所需的资金，预算根据目标与方案设计的内容来计算。费用预算不能只有一个笼统的总金额，要进行分解，计算出每项营销的费用、营业推广费用。

实际上，费用预算应该与目标和方案设计一起考虑实施。一般的做法是，先设计营销方案，然后计算成本，再根据成本调整营销方案，直到确定一个投入少、产出效果好的营销方案。

（六）进行方案沟通

做好以上几个程序后，接下来营销策划经理就应对方案与企业决策者及相关的经营管理人员进行沟通，听取他们的意见，进一步了解最高决策者的意图，以使网络主题活动策划内容更符合实际。

（七）做好方案调整

网络主题活动策划都是以一定时间为基础的。在这一时间范围内，营销环境往往会发生变化，如果这个变化超出了原来网络主题活动策划中所预计的范围，那么网络主题活动策划方案实施的可行性就会降低。另外，通过与企业的决策人员或经营管理人员进行沟通，可能会发现原来设计的网络主题活动方案有不合理的地方。因此，在计划时间内，营销策划经理要根据不断变化的营销环境对营销方案做出适时的调整，确保营销方案的可行性。

（八）反馈控制

在一个计划时间内的网络主题活动结束以后，要根据结果对网络主题活动策划进行评估，看看营销目标是否达到，是否有差距存在。如果有差距存在，则要找出原因，以便对下一个计划时间内的网络主题活动策划进行调整。一般情况下，该程序只有在网络主题活动策划的一个计划时间结束后还要持续下去时，才有意义。

第二节　网络主题互动活动的策划

一、网络主题互动活动策划概述

（一）"双十一"主题活动策划

1. 活动准备

在"双十一"活动前夕，商家可以参加淘金币、聚划算等活动以增加其品牌曝光率，提高品牌知名度，从而为"双十一"活动中的销售做铺垫。

2. 营销定位

"双十一"作为一场消费者、卖家、平台、服务商等多方参与的狂欢盛宴,具备巨大的影响力与号召力。卖家在去年"双十一"大促的经验基础上,如何做好本次营销活动,需要有一个明确的思路与定位。

在活动前夕,卖家需要制订明确的营销思路和规划,包括流量、转化率、客单价、客户服务、品牌传播等,制订详细可行的营销方案,并按照计划严格执行。

3. 产品定位

根据店铺现状和活动需求,确定"双十一"的活动产品,包括为"双十一"准备的特供款。按照品类、风格、价位等进行分类,确定店铺的引流款、利润款、形象款,以便于后期合理备货。

对于传统企业而言,"双十一"活动产品既要让利促销,又要避免与线下专柜的差异,避免产生冲突,这就需要在"双十一"的产品上进行合理定位,找出权衡利弊的产品方案。

4. 合理备货

根据产品定位和活动期间的预估销量,对"双十一"产品进行合理备货。

随着金九银十(9月和10月)的到来,无论是自己的工厂还是代工厂,接下来的工厂订单都会急剧增多,常规的15天的生产周期可能会拖延到20天,甚至更久。如果卖家把"双十一"的订单都压在活动开始前1个月进行生产、备货,时间远远是来不及的。

因此需要事先对"双十一"的销量有一个大概的预估,在10月1日之前,完成预估销量约60%的备货。待10月1日之后,根据当期的销售状况、老客户基数、流量增长趋势等进行二次预估,然后在一个月之内完成剩余预估的备货量。这样一方面避免备货不足,另一方面也避免库存积压。

5. 理性促销和店铺预热

(1)理性促销。"双十一"对商品价格的要求是活动商品价格必须不高于当年9月15日—11月10日天猫成交最低价的9折。

根据以上"双十一"活动对价格的要求,在接下来的一段时间内,店铺参加"双十一"的商品最好不要参加聚划算、天天特价等打折促销活动,以免"双十一"活动价格过低,超出自己的承受范围,而不能为消费者提供好的用户体验,甚至一些商家不堪最低价的要求,下架店铺的人气商品,致使自己在活动当天损失巨大的搜索流量。

店铺主推商品要有足够的利润空间,不至于在"双十一"历史最低价的9折基础上无利润可图。拥有一定的利润空间才能为消费者提供更好的售前、售中、售后服务。

(2)店铺预热。从8月中旬开始,一些商家开始在店铺内对"双十一"进行预热,如采用收藏店铺送现金券、限量大额优惠券免费抢等形式,这样有助于提前为自己的店铺积累人气,避免在活动前夕与众多商家"直面相战"。

6. 打造店铺人气爆款

打造店铺人气爆款，对于"双十一"活动引流起着至关重要的作用。以众多参加过"双十一"的商家案例分析来看，除了类目的主会场之外，一些大型店铺的分会场流量仅占到全店流量的10%左右，更多的流量来自自然搜索，这也是买家购物的一种习惯。

9月份确定了店铺的主打款之后，在接下来的2个月内，需要利用各种渠道和资源，将店铺的主打款打造成类目的人气单品，以期在活动中获得好的排位和搜索流量。

7. 素材准备和页面设计

（1）素材准备。很多商家在"双十一"期间需要做精美的首页、专辑页、海报等页面，为了配合活动的开展，提高活动的营销效果，需要专门准备一些"双十一"的活动素材，如做一些品牌形象片、模特素材等，这些形象片的拍摄需要在活动前2个月就开始准备，以便有充足的时间做相关的工作与优化，而不至于"临时抱佛脚"。

（2）页面设计。9、10月份店铺虽然是旺季，但还不会有"双十一"那么繁忙，运营、设计、策划人员有充足的时间去精心筹备、策划"双十一"的页面。这样一来，既可以缓解"双十一"期间的工作压力，又能提升页面设计的水平和效果。

8. 活动策划

"双十一"活动涉及方方面面，一个疏忽都有可能出现崩盘的现象。因此，为了打好"双十一"这场硬仗，需要一个优秀的"军师"策划团队，做好"双十一"活动筹备、预热、开展、后期维护等方面的策划工作，引导团队成员的工作和方向，给团队成员一条可以遵循的主线。这样可以有条理、有步骤地对计划进行推进、实施。

9. 团队调整

10—11月初是练兵的大好时期，不管商家是否参加过"双十一"活动，团队中肯定有一部分新加入的成员未参加过"双十一"。因此，对这些团队成员进行心理干预、技能培训、活动练兵等显得尤为重要。

可以做出一份针对"双十一"的团队调整计划，包括新成员的招募、老队员的培训等内容，做好"双十一"大促前的练兵活动。

10. 老客户维护

很多人都觉得，老客户维护只需要在"双十一"前几天发下短信通知即可。其实不然，活动前后7天的短信如雪花一样飞向消费者，众多消费者面对满天的短信反而会不为所动。如果店铺不具有一定的特色和优势，很难给消费者留下深刻的印象，从而也很难实现转化。

那么，卖家需要在活动开始前2个月就开始给老顾客做"思想动员"，给他们营造"先入为主"的思想。

在9—11月，在店铺购买产品的客户，都邀请他们加入"'双十一'备战群"，同时给他们一定的奖励和引导。在给客户的包裹中，赠送"双十一"的邀请卡及优惠券；对于9月份以前的老客户，可以通过短信、旺旺等形式邀请他们加入店铺的"'双十一'

备战群",在活动当天"引爆"。同时,还可以发动"分享送好礼"的活动,只要买家在自己的微博、QQ、微信等媒介平台宣传店铺的"双十一"活动,届时都可以获得店铺的精美礼品或者现金券奖励、实物奖励等,让老客户成为新客户的"导购员"。

11. 物流选择和仓储规划

(1)物流选择。"双十一"期间物流速度慢是增加用户体验的一大障碍,选择配送能力强、速度快的物流公司合作,可以大大提升"双十一"期间用户的体验,提升客户满意度。因此,要提前与相应的物流公司寻求合作,达成"双十一"共创计划。在与一些大型的物流公司合作的同时,还可以与一些中小型的民营快递进行合作,虽然他们的配送量小,但是在"双十一"庞大的发货量上,他们还是能起到"短小精悍"的作用的。

如果选择有竞争力的物流公司,如顺丰速运、EMS特快专递,在首页和详情页凸显"顺丰包邮快速到达"的字眼,即使产品价格比同款产品高出5~10元,也会因为物流有竞争优势,销量会比同行多很多。

(2)仓储规划。大量的备货会让现有的仓库不堪重负,同时也会增加活动期间组货、分拣的复杂度,因此,在产品定位与备货量确认之后,要根据现有的仓储面积,对仓库进行合理规划,确保货物整齐、有序摆放,缩短拣货流程。

(二)春节主题活动策划

1. 春节主题活动策划注意事项

(1)创意设计。在店铺首页中要体现中国传统节日的气氛,突出新年元素,如年货、红包、压岁钱等。

(2)消费者沟通。春节是一个家庭团聚的日子,许多快递公司也会在这一节日里休业,所以淘宝网卖家需要在店铺显著的位置告知节日期间物流运营的相关安排。春节期间,许多店铺咨询量比较大,所以细心的卖家会预见消费者可能的疑问,在店铺首页公告中统一解答。

(3)客服响应。为了满足更多消费者购物的需求,店铺可以设置与春节相应的消费概念,打造春节七天乐概念、春节不打烊概念,最大限度地满足消费者需求。店铺需提前安排好工作,保证节日期间"不暗灯"。

(4)物流协调。春节期间,买卖双方都非常关注快递到底什么时候放假,以免耽搁货物的运送,所以卖家需要提前确认节日期间可以配送的物流,合理安排发货。

2. 春节主题活动策划

(1)活动目的:

①长远目的。通过该营销活动的实施,提高淘宝销售模式的知名度和美誉度,培养消费者的网络消费习惯,增加消费者在网络购买物品的比重。

②近期目的。通过该营销活动的实施,提高淘宝的影响力,塑造淘宝的精品品牌形象,加强淘宝平台与网络店铺、消费者三者之间的沟通与联系,形成良好的市场环境。

③基本目的。通过该营销活动的实施,提高淘宝的总体销售额度,增加淘宝平台及各

个店铺的营业利润,打造一批精品店铺。

（2）活动要素：

①活动主题：新年温暖随心购,精品好物在淘宝。

淘宝年末购物节促销的时间特征：新年时段。

紧扣淘宝精品服装的两大特点：网络平台的便利性和淘宝的精品属性。塑造"欢乐"的节日式购物气氛,以购物节的形式让消费者产生购物的欲望和快感。另外,冬季是一个较为寒冷的冬季,所以温暖过冬将成为很多人的诉求重点。因此,整个活动可以围绕"温暖"展开。

②活动时间：每年1月1日至除夕。

③活动平台：淘宝精品专柜平台。

④活动参与范围：淘宝网扶持的精品店铺及有意向参与的其他店铺。

3. 活动内容及安排

活动策划思路：根据服装消费的年末旺季时段特征及淘宝服装的平台特征,充分利用多种营销推广手段,开展服装节等一系列营销活动。

（1）每日温暖推荐。该活动环节为本次活动的重点环节,主要目的是通过每天的特惠价格来吸引网友的关注,增加产品销量。淘宝网每天精心聚拢筛选一批正在举行优惠活动的服装产品作为特别推荐,产品挑选采用编辑推荐与店铺报名参加相结合的形式,产品每日更新。可设置往日精选,收录一周内的每日温暖推荐产品。

①专区作用：通过每天的特惠价格来吸引网友的关注,增加产品销量。

②专区位置：淘宝服装频道首页首屏。

③专区推广：在淘宝网首页显著位置进行广告位链接和文字链接。阿里旺旺及迷你首页每日弹出式广告宣传。

④专区持续时间：覆盖整个推广时段。

⑤专区促销活动：由淘宝网主导,各店铺推荐产品参与。

（2）品牌服装精品展。为品牌服装特别开设的展示区域旨在打造淘宝网精品服装的概念。邀请所有在淘宝网开设旗舰店和形象店的服装品牌参与,根据品牌的销售额或知名度,进行展示区的排位。鼓励服装品牌在展示区内自行进行优惠促销活动。

①专区作用：宣传淘宝服装品牌,打造淘宝网精品概念,提升平台的形象。

②专区位置：淘宝服装频道首页。

③专区推广：在淘宝网首页固定位置设置标签（Tab）广告位及文字链。

④专区持续时间：覆盖整个推广时段。

⑤专区促销活动：由各个品牌自行安排,淘宝网进行统筹。

（3）温暖特惠——特价男装限时抢。在活动开始后的前半个月,每周选择几款产品,以每日限量抢购的形式,标价甚至低于成本价进行销售。此举旨在以大力度优惠,迅速聚集人气,大量增加点击率,提升网友的消费欲望,为活动的持续进行打好基础。

活动（3）与活动（1）的关系：活动（3）的促销力度＞活动（1），活动（1）的持续时间＞活动（3）。

每日特惠贯穿整个活动时间，特价服装限时抢仅为前半个月。每日特惠为搜罗整理推荐正在举行优惠活动的服装产品，并挑选最优惠的几个产品进行每日推荐．不限时间段。淘宝网为商家推荐的模式商家可自愿参与，由商家提供产品，淘宝网制定优惠幅度（成本价或低于成本价）及形式（限时抢购）。

4. 活动外部宣传与推广

一个好的营销活动除了依靠淘宝网的宣传资源和影响之外，还需借助外部媒介进行推广宣传。主要应用以下宣传手段及渠道。

（1）公关传播：利用电视、广播、报纸、杂志、网络等进行软性新闻宣传报道，制造舆论关注热点。

（2）广告宣传时间表见表6-1。

表6-1 淘宝男装购物节广告宣传时间表

广告载体	投放时间段	广告主题
平面报纸	12.28—12.31	淘宝网服装购物节缤纷登场，敬请期待
	1.1—1.7	淘宝网服装购物节如火如荼，诚邀您的光临
门户网站：首页、富媒体等	12.28—12.31	淘宝网服装购物节缤纷登场，敬请期待
	1.1—2.15	时尚服装、特价服装、精品服装，尽在淘宝网服装购物节
论坛、SNS、微博等Web2.0媒体	12.28—2.15	严寒冬季，我们需要呵护自己，给自己添一套厚衣服，我发现了一个地方，精品服装、时尚服装、特价服装一网打尽
视频网站	12.28—2.15	宣传短片：人们在逛什么？原来是在逛淘宝网服装购物节

二、店庆主题活动策划

（一）事前准备，告知店庆

（1）在店庆活动开始前，至少提前10天的时间，通过网络广告形式吸引消费者的注意力。目前市场网络广告主要有品牌图形广告、固定文字链广告、分类广告、富媒体广告、视频广告、电子邮件、数字杂志类广告、游戏嵌入广告、即时通信广告等。

（2）社会化网络是近几年网上最热的现象，社会化网络网站以用户关系为主，而不是以信息为主。通过社会化媒体进行营销，真正的改变在于建立一种关系，并最大化使用。目前常见的社会化网络服务种类较多，主要有以下几种：

①博客类，如新浪博客、Blogspot、独立域名博客等。

②微博，如新浪微博、腾讯微博、推特（Twitter）。

③维基类，如百度百科、维基百科（Wikipedia）。
④论坛类，如点石论坛等。
⑤社交网络类，如人人网、开心网、美国脸谱网（Facebook）等。

（二）店庆活动策划

1. 唯有创新才能永葆活力

店庆活动主题的创新主要包含三个层面，具体如下：

（1）主题不能老套。往年使用过的店庆主题不要重复使用，还有些人总是喜欢模仿别人，这种事情在网上屡见不鲜。

（2）创新要有逻辑性。不要一味追求创新，结果店庆活动主题和真正的活动内容毫无关联。广告词一定要与店庆活动宗旨相关。

（3）创新主题要有情趣或者心灵共鸣度。有些活动主题是创新了，但是消费者看上去依然会无动于衷，有时甚至颇为反感。

2. 雕琢细节，提升服务

吸引和留住消费者需要从细节处着手，在适当的时候做适当的事情是一项伟大的艺术，而网络营销尤为如此。为了迎接店庆，当消费者在网络上寻找自己需要的产品和服务时，店家要帮助消费者在最短的时间内找到他们需要的商品，此外，商家需要提供易于搜索、易于导航、内容丰富、有价值的信息静候客户浏览。同时，需要对网店进行大范围的调整，对商品进行合理的分类，如有些商家会用一楼烟酒、二楼女装等进行标识分类。

网络作为一种媒体，给予参与者极大的自由空间，促进了信息的交流和共享。京东商城推出了京东社区这一客户交流平台，在该社区，京东的客户可以发表自己对京东的看法，客户之间还可以相互交流。在此平台上，客户对京东和京东商品的意见及看法可以十分明显地表达出来。

第三节　线上线下互动主题活动的策划

一、线上线下互动主题活动策划概述

（一）进行线上线下互动

不可忽视的是，在一份与网络有关的调查报告——《2017年度中国站长调查报告暨互联网生态开放研究报告》中，网站盈利模式的前三名是广告、电子商务和线下活动。在未来侧重的盈利模式中，电子商务上升到了第一名，线下活动虽然下降了一个名次，但百分比由原来的18.6上%升到了24.5%。这说明，无论是做网络营销，还是做实际产业，都不能忽视线下活动。因此，每一个不希望被客户遗忘的企业，都不能只单独强调网络营

销，而是应该做双线营销，因为线下活动同样能够给企业带来巨大收益。

一个企业在进行网络营销的时候一定要将网络推广、现场活动等营销方式和手段结合起来，既进行线上营销，也开展线下活动，多点出击，这样才能吸引并留住客户，通过不断满足客户的消费需求，成功实现企业的销售目标。

网络营销绝不仅限于互联网。单纯从概念上来说，网络营销就离不开传统营销，它是传统营销原则与网络技术、网络平台的结合。从现实操作上来说，网络营销与传统营销的结合对企业具有非常重大的影响。从空间概念上讲，双线营销是线上营销与线下营销的结合，即客户线下体验，线上购买；对于企业来说是线上营销，线下成交。从人群概念上讲，双线营销是企业营销和客户营销的结合。

(二) 了解线上线下活动策划细则

1. 产品差异化

产品的差异化有较多可作为的地方，如产品定位、产品品类、产品数量及产品属性的差异化。目前几家知名服装品牌在其网上商城中就采取了新品和旧品的差异化策略，即网上商城新品和旧品之间的比例安排在1∶9，这使网上商城主要以销售旧品为主，就不会冲击线下分销商的利益。如骆驼的产品在线上线下一般都有95%的不同。

如果线上线下采取完全差异化的产品策略，如推出网店专售产品或品牌，那么就能够将线上线下的冲突降到最低。也有些企业在产品数量上做足了文章，因为线下门店的面积有限，那么线下展示和销售的是主打款式，更多的产品则是在线上销售，因此线上的产品数量可能是线下产品数量的几倍，这就同时满足了线上线下客户的需求。

2. 价格差异化

目前几乎所有的商城都实行价格的差异化。一般来讲，同样商品的价格线上要比线下低。但长期的价格落差会导致对线下销售渠道和消费群体的冲击，以致对品牌造成一定损害。

价格的差异化还有很多可创新的地方，线上线下保持同价可不可以？线上价格高于线下价格可不可以？一定可以，没人这么想过而已，说不定就有很大的机会。举个简单的例子，同样一件热销商品，线下是固定的价格，而线上可能采取浮动变化折扣，第一个月7折，第二个月8折，第三个月9折，第四个月与线下同价，第五个月可能是原价的1.1倍，第六个月是1.2倍……你觉得不可能？没有不可能。

3. 品牌差异化

在品牌管理上采用不同的模式，在原来品牌基础之上，创建一个新品牌，将其延伸到线上，这样就可以有效地区别渠道之间的冲突。但是这个实施难度可能比较大，如果原有品牌影响力不强，新品牌可能就会存在一定程度的风险，可能新品牌的推广也需要花费很多的时间和精力才能建立起品牌形象。

案例

I Do 的线上活动

I Do 作为拥有线下门店的企业，希望将线上粉丝引导到店面进行体验，进而产生消费，在建立品牌知名度的同时又能提高用户到店率。I Do 是在微博上举办了一个活动，通过线上宣传引导用户到线下领取手环，引起了线上用户热烈的回应和参与。用户在领取了手环之后，纷纷在微博上晒图片，活动的影响力也因为微博逐步扩大。

两年来，I Do 官方微博发布了 4400 多条微博内容，积累了 40 多万粉丝，除了珠宝奢侈品、时尚潮流的相关内容，更以情感话题、互动活动吸引了大量忠实的受众。但作为 I Do 这样拥有线下门店的企业，如何将线上粉丝引导到店面进行体验，进而产生消费，在建立品牌知名度的同时又能提高用户到店率？I Do 是利用活动的形式来完成这样的用户引导的。

2011 年 8 月为了回馈微博中的粉丝，I Do 官方微博举办了"当时我动心了"的活动（图 6-1），为微博中的粉丝提供"微特权"，调动全国终端资源向微博粉丝发放数十万只"动心"手环，利用新浪微博作为活动宣传平台。引导粉丝到店后，发送动心爱情宣言到指定号码后，就可以以这条信息作为凭证，领取手环。

在活动中 I Do 官方微博为了方便微博网友了解活动，特别以图片的形式设计分步骤展示出网友参与活动的步骤和全国店面的具体位置。这种方式简单、直观、易于理解，将对用户的服务做到贴心，同时成功架起了奢侈品与消费者沟通的桥梁。

图 6-1

二、线上线下互动主题活动策划注意问题

（一）注意线上线下的冲突

具体来说，线上渠道与线下渠道的冲突主要体现在两个方面：消费者的争夺和价格的冲突。

1. 消费者的争夺

线上渠道对线下渠道的竞争首先是消费者的争夺，这也是造成冲突的本源。

网络传播的快速、便利，以及中间环节简化带来的价格优势使得线上渠道作为新兴的渠道模式在吸引消费者的同时也就造成了对传统渠道的挤压，使线下渠道对线上渠道怀有敌意而进行强烈抵制。

2. 价格的冲突

由于网络传播的特性和优势，线上渠道销售的商品无须负担昂贵的营销成本，导致同样的产品在线上售卖的价格比线下零售店的要便宜。来自淘宝网的数据显示，网上开店和传统物流相比，店主可以节省60%的运输成本和30%的运输时间，营销成本比传统的线下商店降低55%，渠道成本可以降低47%。

（二）注意线上线下和谐共存

1. 线下为主：线上与线下渠道实现产品差异化

目前看来，在处理线上和线下渠道的关系时，很多企业的思路主要以线下渠道为主，把线上渠道仅仅作为线下渠道的补充。线上与线下渠道的冲突归根结底是对渠道商利益的冲突。如果线上只销售特定类别的产品，与线下渠道就有了差异化，不至于引起渠道商过度恐慌。同时，也对线下渠道进行了有效弥补，能够扩大企业的销售份额。

2. 相辅相成：线上和线下融合

未来肯定是线上和线下渠道的融合，这是一个必然的发展趋势。因为消费者需求的多样化，不可能只有一种模式满足所有的需求。特别是当企业愿意认真考虑消费者便利的购物体验时，线上和线下的整合更应该起到互补作用。

（1）统一定价，灵活促销。现在，很多知名网购平台几乎所有产品都比市场终端上的价格便宜，便宜幅度少则10%~20%，多的甚至可狂降过半。这是吸引网购消费者的主要诱因之一。

（2）无缝对接，和谐共赢。线上渠道与线下渠道结成共同利益体，消费者可以线下看货，线上订购，线下再交钱取货，享受相应的服务，可以让消费者更放心，得到更多便利。

这一模式可以参照成立于1901年的美国诺德斯特龙（Nordstrom）公司，该公司目前在全美有175家专卖店，也通过目录册和互联网销售产品。2008年，Nordstrom公司有效融合了电子商务平台的库存系统与实体店库存系统。该公司在线上和线下渠道有了统一的库存系统的基础上，开始推出"网上购物，店铺取货"的服务。这样，形成了线上线下的融合优势，给消费者带来更多的便利，充分发挥了多渠道运营的综合竞争力。

（3）个性服务，多元增值。对于消费者来说，网络购物与到实体店购物在花钱的层面上是一样的，不一样的意义在于哪一种购物方式能够带来更多的便利和优质的服务。

知识回顾

本章主要介绍了电子商务网络主题活动策划的相关知识。在策划活动之前，首先应当确定活动的主题，然后才能开始制订活动方案。对于电子商务来说，最为重要的主题活动为"双十一"、春节和店庆，在活动之前就必须要做好充分的预热准备，制订新颖的活动内容。有线下实体店铺的，还可以进行线上、线下的互动主题活动，产生线上、线下的联动促销效果。

通过本章的学习，学生可以掌握活动策划主题制定的注意事项和制定步骤，根据主题的不同，可以制定出不同的活动方案，提高电子商务的营销效果。

课后练习

1. 活动主题策划的三个层次分别是什么？
2. 网络主题活动策划需要遵循什么过程？
3. "双十一"活动主题策划需要注意哪些问题？
4. 线上线下主题活动策划需要注意哪些问题？

拓展阅读

广告的播放形式

（1）品牌图形广告主要包括按钮广告、鼠标感应弹出框、画中画、浮动标识／流媒体广告、摩天柱广告、通栏广告、全屏广告、对联广告、视窗广告、导航条广告、焦点图广告、弹出窗口和背投广告等形式。

（2）富媒体广告，主要包括插播式富媒体广告、扩展式富媒体广告和视频类富媒体广告等形式。

（3）视频广告，以在线视频为载体的网络广告形式，包括嵌入式视频广告（前置式广告、后置式广告、间隙型广告）、频道页全背景广告、视频冠名广告等。

网络社区营销文案编辑

【知识目标】
1. 掌握网络社区的类型、特点。
2. 掌握微信平台的营销文案编辑方法。
3. 掌握微博平台的营销文案编辑方法。

【技能目标】
1. 能准确定位网络社区客户类型。
2. 能根据网络营销目标确定企业网站社区风格。
3. 能运用社会化媒体平台进行营销文案编辑。

【知识导图】

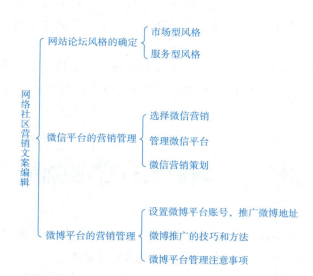

案例导入

即时通信工具阿里旺旺在电子商务中的应用

阿里旺旺是一款集成了即时文字、语音、视频沟通以及交易提醒、快捷通道、最新商讯等功能的即时聊天软件（IM），是网上交易必备的工具，在淘宝交易过程中起沟通联系以及交易提醒等作用。

（1）收发消息。这里包括收发消息、自动回复、快捷短语、给指定淘友发送消息、多方洽谈、给旺友发短信等。

特别需要提的是，当需要多人或是多个商家参与讨论时，就可以利用多方洽谈功能。右键单击任意淘友会员名，选择"开始多方商务洽谈"命令，即弹出"邀请淘友进入商务洽谈室"对话框，选择需要邀请的淘友，输入邀请信息，对方接受后即可进行多方洽谈。

（2）淘友管理。这里的管理内容有：查找添加好友、模糊查找、分组操作、"最近联系人"、"黑名单"、群组、批量管理联系人。这里涉及商业内容，特别是电子商务批量管理联系人是非常被商家喜欢的。

（3）资料管理。

（4）文件传输。阿里旺旺可以传输超大文件，速度超快而且很安全。它与大多数即时聊天工具相比，传输容量大，速度又快得多，如商家之间传输一些商业资料等。

分析： 阿里旺旺是一款为商人度身定做的集即时文字、语音、视频为一体的专业商务沟通和管理软件，从界面风格到服务内容都体现了商务用户对即时通信软件的需求。商务用户使用该软件可以实现实时在线洽谈业务、即时发布商业供求信息以及随时查看最新商业咨询。

阿里旺旺是淘宝网和阿里巴巴为商人度身定做的免费网上商务沟通软件。它能帮用户轻松找客户，发布、管理商业信息；及时把握商机，随时洽谈做生意。

第一节　网站论坛风格的确定

社会性网络服务（Social Networking Services，SNS），专指帮助人们建立社会性网络的互联网应用服务，也指社会上现有已成熟普及的信息载体。

哈佛大学的心理学教授米尔格兰姆（1933—1984年）创立了六度分割理论，简单地说，就是"你和任何一个陌生人之间所间隔的人不会超过六个，也就是说，最多通过六个人你就能够认识任何一个陌生人"。按照六度分割理论，每个个体的社交圈都不断放大，最后成为一个大型网络。

社会性网络服务是以个人为中心的服务，并以网上社区服务组为中心。社交网站允许用户在网络社区里共享他们的想法、图片、文章、活动、事件。如今，80%以上的网民在使用网络社区。

一、市场型风格

市场型的社区是利用网站社区进行企业网络营销推广的平台。例如，www.52cons.cn 是国内最大的匡威论坛，免费为会员鉴定匡威鞋的真假。

（1）利用论坛的人气为营销传播有效服务。在匡威论坛中，对论坛庞大的匡威爱好者用户群体进行匡威品牌、系列产品广告宣传，更加具有针对性，广告效果明显。匡威论坛如图 7-1 所示。

图 7-1

（2）匡威论坛拥有专业的论坛帖子策划、撰写、发放、监测、汇报流程，提供高效传播。通过在论坛内有目的地策划、发布有关"匡威"品牌及产品的系列专业文章报道，吸引用户参与回复、讨论、传播，并及时检测文章的关注度和转发效果，如图 7-2 所示。

（3）论坛活动具有强大的聚众能力，能调动网友与品牌进行互动。匡威论坛通过发布各种类型的主题活动，充分发挥论坛的聚众优势，招募更多的人参与活动扩大品牌影响力，如图 7-3 所示。

网站内容编辑

图 7-2

图 7-3

（4）运用搜索引擎内容编辑技术，不仅使内容能在论坛上有好的表现，而且在主流搜索引擎上也能够快速寻找到发布的帖子，如图 7-4 所示。

匡威论坛吧-百度贴吧

2020年5月27日 - 本吧热帖: 1-拜托看看真假,万分感谢 2-无盒 匡威x off withe 求大佬鉴定 3-求大神鉴定一下,鞋盒被妈妈丢了 4-教你0怎样0穿衣0搭配 5-求购一双卡哈特匡…

百度贴吧 - 百度快照

图 7-4

162

（5）实施注册会员制，为网站有效地积聚会员。匡威论坛还设置了友情链接，若会员产生了购物欲望，可通过站内的链接进行购物，如图7-5所示。

图 7-5

二、服务型风格

服务型的社区主要侧重产品的售后服务、技术支持，以及产品使用、维护等客户关心的服务内容或通过企业网站建立一个交友社区。例如，西门子的网络社区提供本地工程师的支持，社区不是回答顾客问题的平台，更多的是作为了解产品的信息源，如图7-6所示。

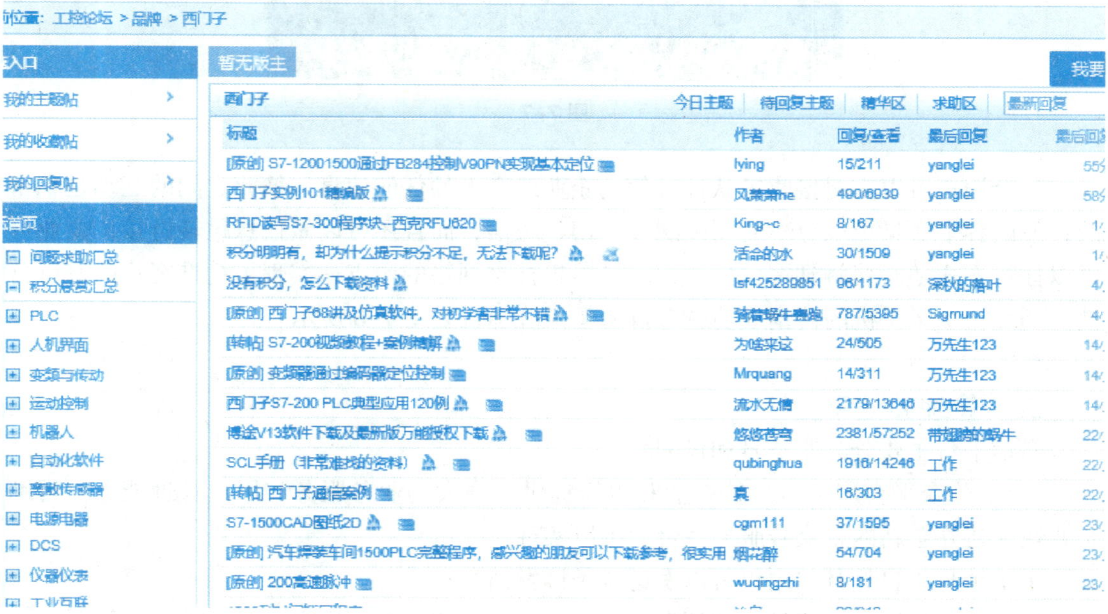

图 7-6

第二节　微信平台的营销管理

一、选择微信营销

传统的消费者行为理论（Attention Interest Search Action Share，AISAS）模型正逐渐被颠覆，微信已经占据了中国移动营销的半壁江山。微信已经成为全民代言的营销渠道，建立微信媒体联盟营销是企业必须要做的选择。微信的传播效果如图7-7所示。

图 7-7

一个用户可以实时接收被认证可信的企业或个人的任何信息，彼此之间的互动是私密的，但内容本身又可以分享到朋友圈、微博、短信，而且还可以做任意跳转链接，企业可以以任意方式随时接触到客户。微信营销覆盖社交网络的原点，实现了精准客户的许可营销。例如，小米手机的营销成功就来自粉丝经济学，如图7-8所示。

二、管理微信平台

微信平台主要分为服务号和订阅号。

（1）公众平台服务号。给企业和组织提供更强大的业务服务与用户管理能力，帮助企业快速建立全新的公众号服务平台，可以实现：

① 1个月（自然月）内仅可以发送4条群发消息；

② 发给订阅用户（粉丝）的消息将会显示在对方的聊天列表中，对应微信的首页；

③ 服务号会在订阅用户（粉丝）的通讯录中。通讯录中有一个名为"公众号"的文件夹，点开可以查看所有公众服务号；

④ 服务号可申请自定义菜单。

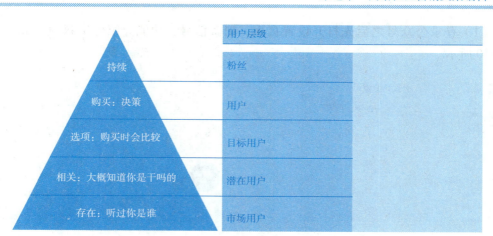

图 7-8

（2）公众平台订阅号。它是为媒体和个人提供的一种新的信息传播方式，构建与用户之间更好的沟通与管理模式，旨在为用户提供信息，可以实现：

①每天（24小时内）可以发送1条群发消息；

②发给订阅用户（粉丝）的消息将会显示在对方的"订阅号"文件夹中；

③在订阅用户（粉丝）的通讯录中，订阅号将被放入订阅号文件夹中。

（3）个人只能申请订阅号。依据企业经营特点，创建企业微信公众平台时，非媒体企业可选择服务号。

（一）进行微信平台基础建设

微信平台登录后的页面如图7-9所示。

图 7-9

（1）登录公众号之后先打开设置页面，把微信号、功能介绍等资料填写完整，如图 7-10 所示。

图 7-10

（2）"消息管理"页面可以查看近 5 天的消息，可以在线回复粉丝，添加星标以免消息被删除，对粉丝添加备注等，如图 7-11 所示。

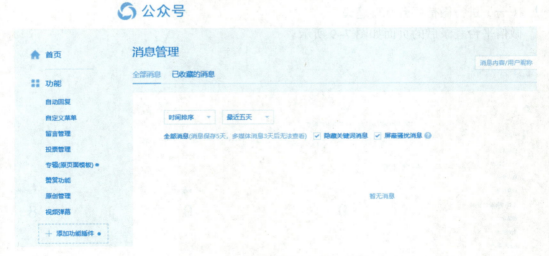

图 7-11

（3）通过"用户管理"页面可以对粉丝进行分组管理，可以通过查看粉丝所在地、性别进行分组。分组既便于管理，也便于群发消息。黑名单内的粉丝将不会收到群发的任何消息，而星标组是针对重要粉丝而设置的，如图 7-12 所示。

图 7-12

（4）"素材管理"页面可以对公众账号的粉丝进行消息的一次性发送，群发的内容可以是文字、图片、语音、视频以及图文消息，如图 7-13 所示。群发消息可以按之前的分组进行群发，每次群发后可以在已发送页面查看是否群发成功。

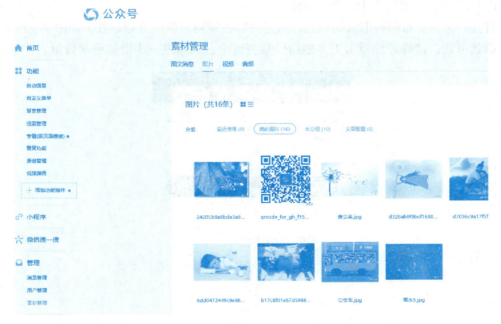

图 7-13

（5）通过"用户分析"页面可以查看用户分析、内容分析、菜单分析、消息分析、接口分析等多个维度的数据。其中用户分析、内容分析、菜单分析三个维度的数据具备一定的参考价值，如图 7-14 所示。

图 7-14

（二）创建内容营销

通过微信公众平台，可以进行各种话题讨论、栏目定制、行业解读、冠名赞助等多种信息内容的发布，如图 7-15 和图 7-16 所示。

首先，无论发布何种形式的信息，信息内容在策划时就应有话题性，如图 7-17 所示，即有话题可谈，这样才能吸引更多的粉丝参与讨论，从而进一步增加粉丝数量。

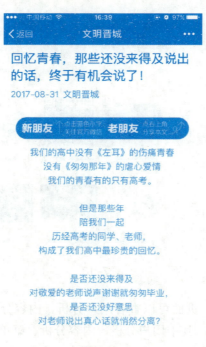

图 7-15

图 7-16　　　　　　　　　图 7-17

其次，所发布的信息最好是企业自己创作的，要有原创性，这样才能吸引别人观看，而转载的信息缺少新鲜感和关注度。

最后，在信息发布及维护中要注意：

（1）把握好信息发布的频率。考虑到用户的碎片化时间有限，信息发布的频率一般以两三天一次为宜，太频繁会导致用户反感，更会加大维护的工作量。

（2）客服人员与策划人员应同时登录平台。微信公众平台支持多人同时登录，策划人员可以根据从客服人员那里得到的客户反馈进一步修正方案。

（3）把握好推送时间。每次新内容的推送时间最好为周一或周五的中午时间。因为，周一是周末结束后的第一天，用户的阅读非常活跃，而周五，用户一般考虑周末的事情，这时候容易接受带有折扣的优惠时讯。

（三）植入广告

可以利用微信公众平台在微信中植入广告，如在文章后加入广告链接、在文章底部进行文字广告推荐、文章首页进行广告推广等。广告植入位置如图 7-18 所示。

图 7-18

（四）新增解决方案

在微信公众平台的高级功能中还增设了微商城、邀请帖、会员卡、智能客服等新增解决方案，以满足企业更多的需求，如图 7-19 所示。企业进行高级认证后，就可使用这些功能。

通过微信公众平台，可以在实现基本功能的基础上，根据企业营销需要进行高级功能的设定。例如，一家餐饮企业通过微信公众平台可以实现的功能包括基本功能和提升功能，如图 7-20 所示。

（五）微信平台营销效果分析

进行微信营销的效果评估，首先要确定企业进行微信营销的目的是什么，如有些企业采用微信营销是进行客户关系管理（Customer Relationship Management，CRM）的，有的企业是进行产品推广的。因此，只有先确定网络营销的目的，才能做出对企业最有利的营销评判。

第七章 网络社区营销文案编辑

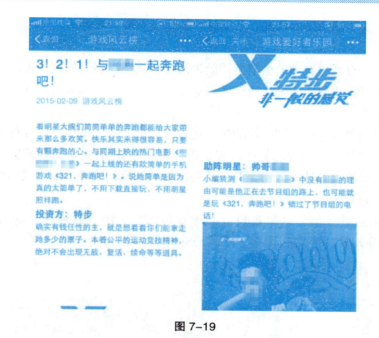

图 7-19

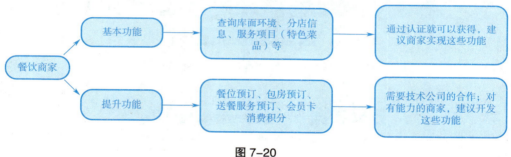

图 7-20

一般微信营销的评估要素包括互动频率、功能受欢迎度、粉丝数、粉丝评价、企业转换率。

1. 互动频率

微信的互动频率是指粉丝对于企业微信公众账号的使用频率，通过这一指标可以反映出企业与粉丝的关系。

2. 功能受欢迎度

微信公众平台的功能有基于内容的软文功能、营销设计功能、实用功能。基于内容的功能就是基于粉丝需求和企业之间对应的命令端口和内容页面的功能。功能受欢迎的程度决定了粉丝对企业的依赖程度。

3. 粉丝数

如果单独追求粉丝数量，就会失去微信营销的价值。粉丝数的评估要基于企业对微信营销的要求，以及功能的使用情况、企业品牌的传播力度，等等。

4. 粉丝评价

粉丝评价是能直观地看到的微信营销效果的方式之一。粉丝的评价可以综合反映出企业微信公众平台内容和功能的受欢迎程度。

5. 企业转换率

企业转换率是企业进行一切营销的唯一现象级标准。因为微信的闭环体系，在企业转换率方面，有企业品牌知晓度的转换，有企业相关类似 WAP 页访问量的转换，有企业基于微信的产品销售情况的转换，有企业产品咨询量的转换，等等。随着微信营销的不断成熟，企业转换率的要求也会不断变化。

同样，如果通过微信公众平台投放品牌宣传信息，还可以通过这一时段微信公众平台的日均覆盖人数、平均阅读率、平均点击率等指标进行宣传效果评价，如图 7-21 所示。

图 7-21

三、微信营销策划

微信营销策划过程与其他营销策划过程一样，唯一变化的是传播载体。在策划中要充分考虑微信公众平台的优势，善于借用微信的特点进行有针对性的策划。下面以杜蕾斯的微信营销为例，看看它是如何进行微信营销策划的。

> **案例**
>
> **巧用微信朋友圈开展互动传播**
>
> 日前，微信朋友圈推送了有史以来的第一条白酒广告——"微"你而生，代表着白酒时尚健康的洋河微分子登录微信朋友圈，在亿万名目标用户群里惊艳亮相，"喝

过的都说好，没喝过的都在找"，朋友圈里瞬间掀起了刷屏的节奏。

继宝马中国、VIVO和可口可乐首批朋友圈广告上线后，洋河微分子成为第一个出现在微信朋友圈的酒类品牌。网络传播方面的专业人士认为，在微信朋友圈投放广告，一方面可以宣传、展示企业形象，另一方面也是对企业能力、实力的展示。此外，微信朋友圈因为其极高的关注度，很容易形成社会性的热点话题，并引发二三次传播。所以，洋河此举不仅能率先在数十亿微信用户中传播了新产品，还有一举多得的效果。

其实，这还不是洋河第一次利用微信平台与消费者互动。早在之前春晚时，洋河微分子就在央视春晚上放大招，为观众发放了价值千万元的微信红包，引起了强烈的反响。

"从春晚微信红包到朋友圈广告传播，再到日常的朋友圈口碑营销，洋河一直在推动互联网创新，以不同方式利用微信为自己的产品和品牌进行宣传推广，这种意识和行动非常值得学习"，一位从事微信营销的研究推广人士对洋河给予很高的评价。

第三节　微博平台的营销管理

一、设置微博平台账号，推广微博地址

（一）检索微博注册入口

在百度搜索框中输入关键词"新浪微博"，如图7-22所示。

图7-22

建议输入邮箱注册，用邮箱注册前请确保邮箱为开通状态。

(二) 填写相关资料（图 7-22）

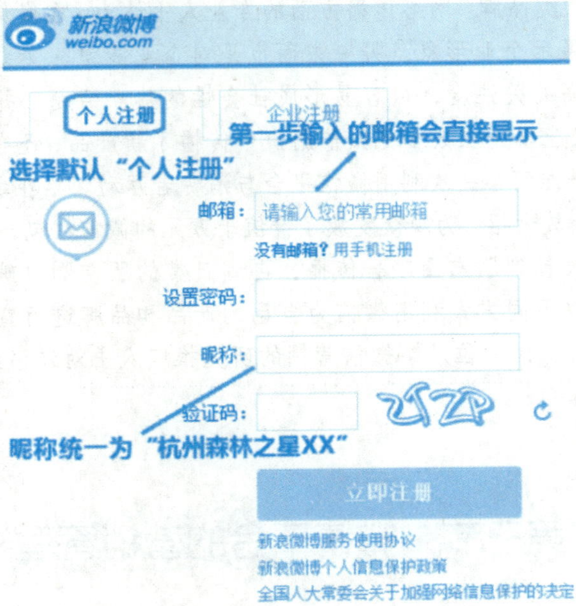

图 7-22

填写结束单击"立即注册"按钮，如图 7-24 所示。

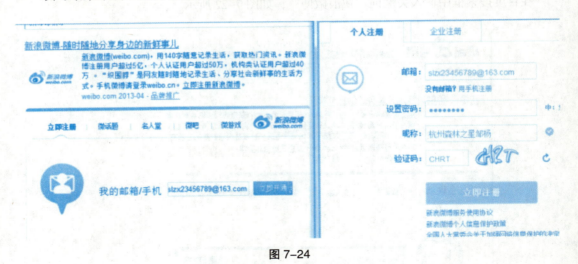

图 7-24

单击"立即注册"按钮会出现验证提示，输入自己的手机号码，把接收到的验证码填入空格内单击提交按钮，如图 7-25 所示。

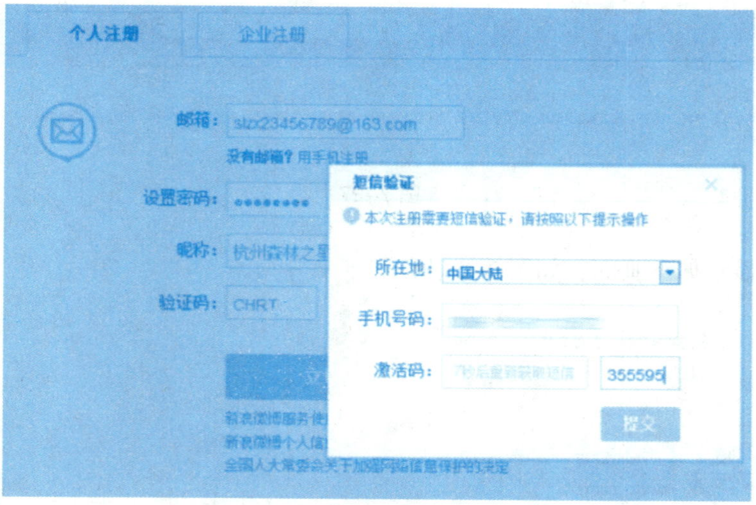

图 7-25

上传个人真实照或者其他图片为微博头像，如图 7-26 所示。

图 7-26

大小为 180×180 像素，带 * 为必填项目，完成后单击"下一步"按钮。

进入第二个页面拉到页面最下端再次单击"下一步"按钮，在出现的第三个页面中选择一个兴趣爱好再拉到最下端，单击"进入微博"按钮。

（三）账号激活

页面最上方会有激活提示，进入注册账号的邮箱，单击收到邮件中的链接即可，如图 7-27 所示。

图 7-27

接下来会显示如下画面，如图 7-28 所示。

图 7-28

（四）账号设置（图 7-29）

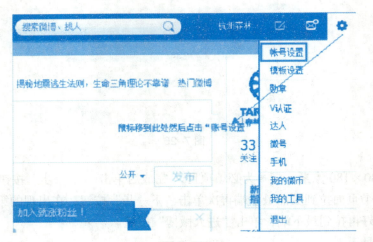

图 7-29

图 7-30 为账号设置页面。

第七章 网络社区营销文案编辑

图 7-30

（1）个人标签为"五一、泰囧、泰国游、地板、森林之星、徐铮、清迈"填写一个单击一次，如图 7-31 所示。

图 7-31

（2）个性域名按照要求可以随便填写，填写结束后单击"保存"按钮进行保存。
（3）一句话介绍自己，如图 7-32 所示。

177

图 7-32

（五）微博认证（图 7-33）

图 7-33

认证所需的材料有：

（1）通过年检的营业执照复印件，加盖红色公章。

（2）商标注册证书。

（3）商标注册法人更改证明。

（4）填写《企业认证申请公函》，加盖红色公章。

以上四项用照片形式提供即可。

进入页面后单击"申请机构认证"选项，如图 7-34 所示。

图 7-34

认证页面填写内容如图 7-35 所示。

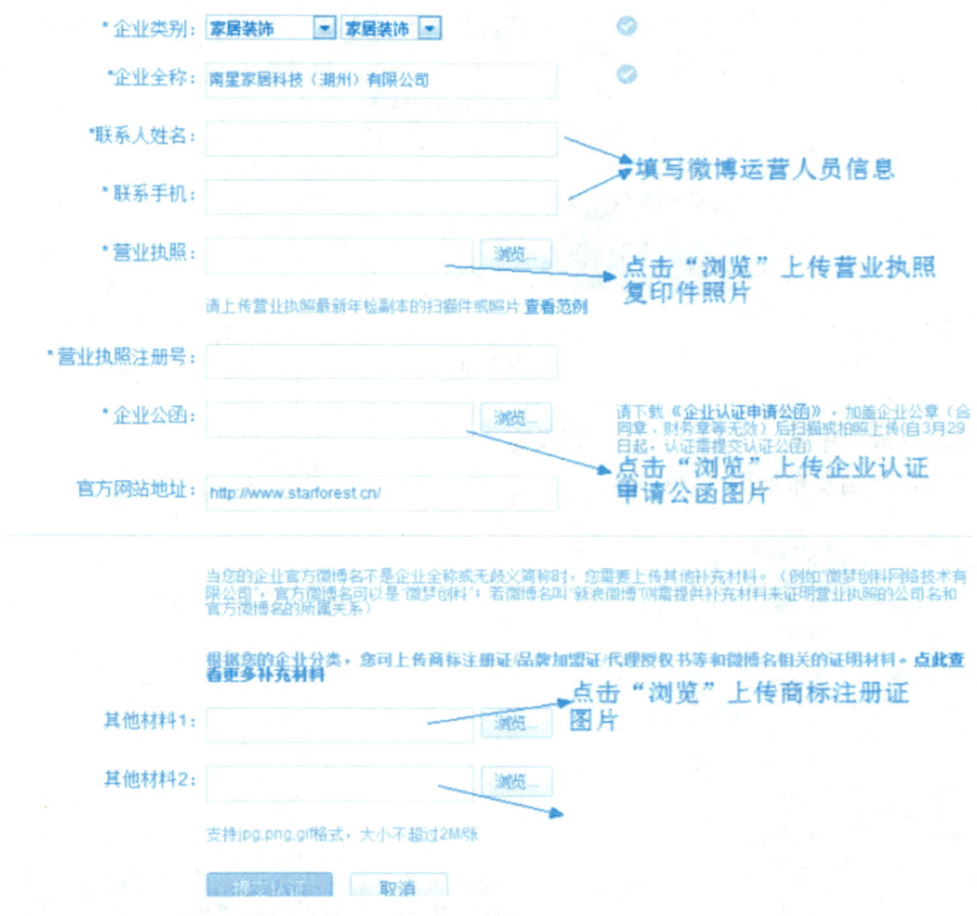

图 7-35

填写完成后单击"提交认证"按钮等待认证审核，一般需要 3 个工作日。

（六）微博发布

（1）网页版的发布，如图 7-36 所示。

图 7-36

内容编辑如图 7-37 所示。

网站内容编辑

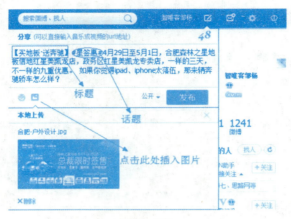

图 7-37

编辑完成后单击"发布"按钮进行发布。

微博客户端发布如图 7-38 所示。

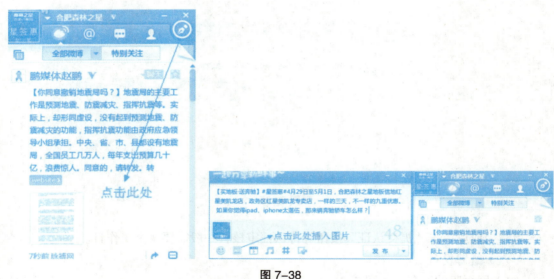

图 7-38

微博客户端下载地址：https://c.weibo.cn/client/guide/wap。

内容编辑完成后单击"发布"按钮即可。

二、微博推广的技巧和方法

（一）微博内容发布价值化

微博的内容信息尽量多样化，最好每篇文字都带有图片、视频等多媒体信息，这样具有较好的浏览体验；微博内容尽量包含合适的话题或标签，以利于微博搜索。

180

(二)内容更新持续化

微博信息每日都应进行更新,且要有规律地进行更新,每天发布3条左右信息,一小时内不要连发几条信息,抓住高峰发帖时间更新信息。

(三)粉丝互动积极化

多参与转发和评论,主动搜索行业相关话题,主动与用户互动。定期举办有奖活动,提供免费奖品鼓励,能够带来快速的粉丝增长,并增加其忠诚度。

(四)标签设置合理化

合理设置标签,新浪微博会推荐有共同标签或共同兴趣的人加关注。要想获取高质量的客户,不在于你认识什么人,而在于什么人认识你;不在于什么人影响了你,而在于你影响了什么人。关注行业名人或知名机构,善用找朋友功能,提高粉丝的转发率和评论率。发布的内容主题要专一,内容要附带关键字,以利于高质量用户搜索到。

(五)有奖特价活动化

免费奖品鼓励、限时商品打折的推广手段,很多人喜欢,如销售主机或域名的企业微博,可以定时发布一些限时的优惠码,能以低廉的折扣购买,可以带来不错的传播效果。这种方式可以在短期内获得一定的客户。

(六)广告宣传及时化

在一些门户类网站、Google Adwords等平台发布企业微博的广告,增加普通粉丝网民的关注度。

(七)企业内部宣传化

一些大型企业本身就有不少员工,那么可以引导企业员工开通微博并在上面交流信息,对于大企业来说,这样操作可以在短时间内增加企业微博的大量粉丝。

(八)合作宣传认证化

联系微博平台的业务员,将企业微博的账号添加到"公司机构"等栏目中,并通过实名身份认证。

(九)广送邀请注册化

通过邮件或其他渠道,邀请企业自己的客户、潜在用户注册。注册链接使用的是指定的注册链接,这样,别人注册之后会自动关注企业微博。

(十)加关注求关注化

在新注册新浪微博的时候,首先要面临的就是没有粉丝的问题,那么就应该考虑微博的定位问题。例如,想用微博来推广自己的网站,如用微博推广"BlueHost美国虚拟主机使用指导",提高网站的知名度,平时就需要发布一些自己网站的资讯和相关的话题。那么在添加关注的时候,就必须先批量加上关注这方面的人。总结一句,只有先关注别人,才能引起别人的注意,别人才会关注你。

(十一)转播评论效果化

新浪微博有时候转播的效果比自己发布得更好,因为你的粉丝众少,发微博未必能够取得很好的效果,所以需要关注很多比较知名人士的微博,转播或者评论他们的微博。一般知名人士的微博粉丝众多,当一条微博被连续转播的时候,评论会一直随着在微博转播而一直持续下去。这样的效果有利于微博的展示,这期间粉丝关注微博的同时也在关注着你。总结一句:多转播,多评论,让别人看见你,才能够了解你,才会关注你。

(十二)微博内容粉丝化

积累到有一部分粉丝的时候,就要自己多发一些微博了。在有一定粉丝的情况下,就应该发布一些东西分享给大家了。

(十三)热点微博分享化

热点就是一些时事的关键词,经常去看看话题,看看一些新出来的关键词,参与这些关键词的微博讨论,比如,七夕节快到了,这个是中国的传统节日——情人节,可以围绕这个热门的话题多发表一些关于七夕情感的故事来分享给粉丝,让他们进行评论、转载。

三、微博平台管理注意事项

(一)提高推广内容质量

许多企业在微博中做推广,主要采取发网站相关链接的方式。并不是所有的推广都是为了流量,在微博中应尽可能设计网友感兴趣的内容,与网友互动起来。

(二)增加粉丝数

由于在微博上发的内容每个粉丝都会看到,要提高推广效果,首先要增加粉丝的数量,先要多关注别人,成为别人的粉丝,在别人关注自己微博的时候,也要同时关注别人,多发一些有价值的内容进行分享,对别人的话题多转发和评论。

(三)微博与网站的关系

如果网站支持简易信息聚合(Really simple syndication,RSS),可以把网站的内容同步到微博上来,另外也可以通过微博插件,把微博上的内容显示在网站上。

(四)微博主题相关性

微博推广首先要针对有效的推广目标。微博的主题应围绕推广的核心,这样才能做到在关注别人时或者吸引粉丝时也有针对性。

(五)要充分发挥微博作用

借用微博平台强大的功能,发挥微直播、微矩阵、微公益、微博支付、微博预订等微博广场的推广价值。

知识回顾

本章主要介绍了网络社区营销活动管理的内容。网站论坛可以分为市场型、服务型、销售型等不同的风格,企业要根据自身的需求,灵活选择。此外,企业还可以选择通过微信平台、微博平台进行营销活动。在条件允许的情况下,还可以选择开发自己的APP,使得营销活动更具有针对性。

1. 网站论坛风格的类型都有哪些？
2. 微信平台管理工作都有哪些？
3. 微博平台管理需要注意哪些问题？

乖乖兔儿童摄影论坛活动公告

首先在这里祝福所有"乖乖兔"官方论坛的会员身体健康，万事如意。大家最喜欢的祝福语之一就是"更上一层楼"。"乖乖兔"特别为广大会员举办了一个龙年盖大楼活动。一人一块砖，豪礼往家搬，只要您参与本次盖楼活动就有机会免费享受韩国摄影师亲自拍摄服务哦！

一、活动描述

本次活动以"在本帖中跟帖送笑话"为主，回帖内容必须是一则笑话，内容一定要完整并且健康以及尽量贴近儿童。

二、活动时间

2012 年 ×× 月 ×× 日—2012 年 ×× 月 ×× 日。

三、奖品设置

（1）实物奖：4 名（韩国著名摄影师亲自拍摄套系）。

中奖楼层为 9 楼，99 楼，999 楼，9999 楼。

（2）积分奖 10 名（100 分）。

每十页（10，20，…，990 页）的第一个帖子，将获得 100 网站积分。

注：活动结束后 3 天内，"乖乖兔"官方会以站内信、电话等方式联系获奖者。如在获奖名单公布 5 天内获奖者未与我们进行身份登记将取消领奖资格。

四、活动规则

（1）禁止复制他人和自己的内容跟帖。

（2）参加活动用户必须更新头像，资料完整；必须通过常用 QQ 注册。

（3）每个 ID 只能获得一次实物奖，但是积分奖是不限次数获得的。

（4）"乖乖兔"拥有对本次活动的最终解释权，如有误解以官方回复为主。

（5）同一 ID 限制回帖 10 次。

五、中奖名单

2020 年 ×× 月 ×× 日公布获奖名单。

参考文献

［1］曹明元.电子商务网店推广与营销［M］.北京：清华大学出版社，2015.
［2］陈拥军.电子商务与网络营销［M］.北京：电子工业出版社，2012.
［3］程虹.网络营销［M］.北京：北京大学出版社，2013.
［4］邓明超.网络整合营销实战手记［M］.北京：电子工业出版社，2012.
［5］付珍鸿.网络营销［M］.北京：电子工业出版社，2017.
［6］葛存山.淘宝店铺营销推广一册通［M］.北京：人民邮电出版社，2013.
［7］顾明.网上创业实务［M］.北京：机械工业出版社，2013.
［8］胡启亮.电子商务与网络营销［M］.北京：机械工业出版社，2016.
［9］李光明.网络营销［M］.北京：人民邮电出版社，2014.
［10］李蔚田，杨雪，孙恒有.网络营销实务［M］.北京：北京大学出版社，2009.
［11］梁文.软文营销实战之道［M］.北京：中国华侨出版社，2013.
［12］刘全胜.网络营销与成功案例［M］.北京：金盾出版社，2011.
［13］刘文良.电子商务与网络营销［M］.北京：水利水电出版社，2017.
［14］马涛.淘营销［M］.北京：机械工业出版社，2011.
［15］青虹宏.电子商务营销［M］.北京：中国铁道出版社，2012.
［16］沈凤池，王伟明.网络营销［M］.北京：北京理工大学出版社，2016.
［17］石建鹏.网络营销实战全书［M］.北京：北京联合出版公司，2012.
［18］史宝全.电子商务与网络营销［M］.北京：首都经济贸易大学出版社，2016.
［19］孙东梅.淘宝店铺网络营销赢家手册［M］.北京：电子工业出版社，2010.
［20］淘宝大学.电商精英系列教程：网店客服［M］.北京：电子工业出版社，2011.
［21］淘宝大学.电商精英系列教程：网店视觉营销［M］.北京：电子工业出版社，2014.
［22］淘宝大学.电商精英系列教程：网店推广（店铺内功）［M］.北京：电子工业出版社，2012.
［23］淘宝大学.电商精英系列教程：网店推广［M］.北京：电子工业出版社，2011.

［24］滕芫.电子商务与网络营销［M］.北京：中国财政经济出版社，2013.

［25］王汝林.网络营销实战技巧［M］.重庆：重庆大学出版社，2006.

［26］王颖纯.电子商务网络营销［M］.北京：电子工业出版社，2015.

［27］吴长坤.赢在网络营销［M］.北京：企业管理出版社，2010.

［28］严刚.字里行间的商业秘密：软文营销［M］.北京：清华大学出版社，2012.

［29］严杰.电子商务与网络营销［M］.北京：电子工业出版社，2016.

［30］苑春林.网络营销［M］.北京：中国经济出版社，2018.

［31］昝辉.网络营销实战密码：策略·技巧·案例［M］.北京：电子工业出版社，2009.